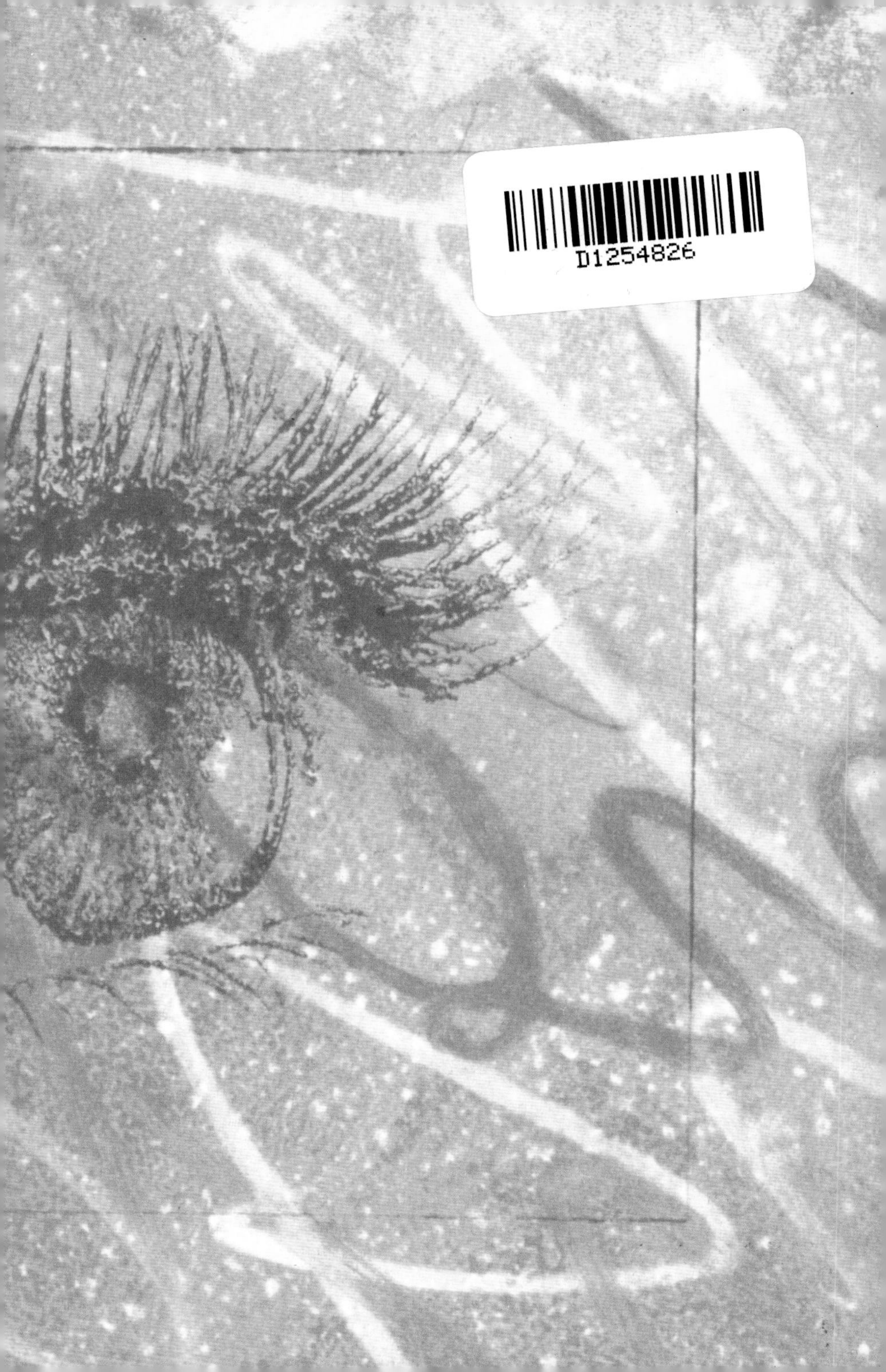

TELEPATÍA

TELEPATÍA

Dr. Juan A. Armengol

C/ Primavera, 35
Polígono Industrial El Malvar
28500 Arganda del Rey
MADRID-ESPAÑA
www.edimat.es

ISBN: 84-9764-427-1
Depósito legal: M-25111-2005

Colección: Enigmas de las ciencias ocultas
Título: Telepatía
Autor: Dr. Juan A. Armengol
Diseño de cubierta: Juan Manuel Domínguez
Impreso en: Artes Gráficas Cofás

IMPRESO EN ESPAÑA - *PRINTED IN SPAIN*

INTRODUCCIÓN

Este fenómeno psíquico, que consiste en la coincidencia de pensamientos o sensaciones entre personas, generalmente distantes entre sí, sin el concurso de los sentidos, y que induce a pensar en la existencia de una comunicación entre los cerebros de índole desconocida, sigue siendo objeto de controversias.

En numerosas ocasiones nosotros mismos hemos sido partícipes de un acto similar o igual a la telepatía, cuando hemos comenzado a expresarnos y alguien nos advierte que, precisamente ahora, él estaba pensando en lo mismo. También es frecuente que dos personas, familiares o amigos, distantes entre sí efectúen una llamada telefónica justo cuando ambos estaban pensando en el otro. Del mismo modo, y para corroborar estos fenómenos de transmisión del pensamiento, son frecuentes las personas que se acuerdan de alguien a quien hace muchos años no han visto, un minuto antes de que esa persona en concreto llame a su puerta.

¿Podemos considerar los presentimientos como una forma de telepatía? Posiblemente lo sean, puesto que nos avisan de algo desastroso que está a punto de ocurrir y parece obvio pensar que para que el mensaje sea tan concreto ha tenido que realizarlo una persona. Que alguien desista de tomar un avión porque manifiesta tener un «presentimiento» o que un padre salga a buscar a su hijo a la carretera por-

que está seguro de que ha tenido un accidente lejos de allí, son pruebas de que el cerebro humano es capaz de enviar mensajes de un modo que aún no conocemos.

NUESTRO CEREBRO

Esta parte vital de nuestra anatomía es parte del encéfalo y ocupa casi la totalidad de la cavidad craneal. Dividido en dos hemisferios por un surco longitudinal, la corteza del cerebro está formada por una sustancia gris correspondiente a los cuerpos de las neuronas, esas células nerviosas cuyas características morfológicas y funcionales las hacen distintas a las demás.

La superficie del cerebro no es lisa, sino que presenta numerosas prominencias en las que hay unas depresiones o surcos, entre ellas la cisura de Silvio, que forma una hendidura que separa el lóbulo temporal del lóbulo frontal. Los cuatro lóbulos de cada hemisferio —el frontal, el parietal, el occipital y el temporal— están separados por estas cisuras. En estos lóbulos se encuentran situadas las neuronas sensitivas, el lenguaje articulado, el centro de la visión y el olfato, mientras que en la base del cerebro existen algunos núcleos de sustancia gris que en su conjunto reciben el nombre de cuerpo estriado.

Del cerebro humano podemos medir y evaluar solamente los impulsos nerviosos de sus neuronas, datos totalmente insuficientes cuando queremos saber lo que ocurre cuando sentimos emociones, dolor, y tenemos miedo. Por fuerza debe existir algo más complejo dentro de esa computadora que todos poseemos y que es la responsable de multitud de facetas del ser humano, entre ellas los presentimientos y la creencia de que no estamos solos en el universo.

Telepatía

Se trata del fenómeno psíquico que consiste en la coincidencia de pensamientos y sensaciones que entran en las personas, generalmente distantes entre en sí, con el concurso de los sentidos, lo que induce a pensar en la existencia de una comunicación entre los cerebros de índole desconocida. También se denominan así las transmisiones psíquicas entre personas, lo que hace pensar también en conocidos agentes físicos como causantes de ello.

En numerosas ocasiones nosotros mismos hemos sido partícipes de un acto igual o similar a la telepatía, como cuando hemos comenzado a expresarnos sobre un tema concreto y alguien nos advierte que, precisamente ahora, él estaba pensando en lo mismo. También es frecuente que dos personas, familiares o amigos, distantes entre sí, efectúen una llamada telefónica justo cuando ambos estaban pensando en el otro. Del mismo modo, para corroborar estos fenómenos sobre transmisión del pensamiento, es frecuente que las personas se acuerden de alguien a quien hace muchos años no han visto, justo un minuto antes de que esa persona llame a su puerta.

Los antiguos investigadores elaboraron aspectos diferentes para definir la telepatía y la unieron a conceptos como transferencia del pensamiento, clarividencia y empatía. Si esto es útil es discutible.

La telepatía se puede expresar de varias maneras, pero los fenómenos tienen que ser entendidos en una perspectiva de conjunto. Pueden describirse los medios principales de comunicación de telepatía, como el uso de sentimientos, sensaciones e imágenes que el cerebro del receptor aprende a asociar, posiblemente incluso las palabras, con una sensación particular.

Puede tardar años adaptarse a la telepatía, aunque esto no ocurre cuando los fenómenos surgen de modo natural, espontáneo. A través de las numerosas pruebas efectuadas se ha podido constatar que para algunas personas la telepatía es algo sencillo, mientras que para otros es simplemente un camino vetado.

Sin embargo, en la persona que se adapta bien a la telepatía, y para quien el catalizador de semejante adaptación no es ningún problema, la última expresión de la telepatía puede explicarse como imaginación mental con una actividad considerable.

Los antecedentes históricos

No existen muchos datos sobre experiencias serias realizadas en el campo de la telepatía en la antigüedad, aunque las religiones son pródigas en relatar el envío de mensajes por parte de dioses y profetas. La voz de Dios siempre ha llegado rotunda, imponente, pero los textos se refieren a ella como algo físico, pocas veces como una voz que suena en el interior del cerebro. La causa puede estar en la valoración que antes se le otorgaba al corazón, como centro neurálgico esencial y en donde anidaban todos los sentimientos humanos. Por eso Dios tenía que dirigirse a los humanos a través del oído, el sistema más práctico y comprensible. No obstante, no siempre ha sido así y frecuentemente las personas se sentían «inspiradas por Dios», «iluminadas», o relataban que se les había manifestado en sueños. La vocación y el «llamado divino» eran también otras formas de comunicarse los dioses, aunque ahora la gente prefiere decir que «han visto la luz», cuando quieren explicar que Dios les ha indicado el camino correcto.

Una vez que los investigadores decidieron indagar en la posibilidad del mensaje telepático, mucho antes de que fuera el sistema preferido para los extraterrestres, dos ingleses de nombre Crookes y Wallace, interesados por la filosofía y la literatura profunda, fundaron, en el año 1802, la Sociedad para las Investigaciones Psíquicas, con el fin de averiguar si existía una forma de expresión más perfeccionada que el lenguaje. Ellos fueron los primeros que eliminaron los estímulos externos, los condicionantes, y quienes crearon los dibujos y anagramas a partir de los cuales se diseñarían los que ahora conocemos.

Años más tarde, otro inglés de nombre Guthrie, en unión de un experto en física llamado Lodge, profundizó en esos conocimientos y entre ambos buscaron primordialmente personas que poseyeran genéticamente aptitudes telepáticas. Los encontraron en dos sujetos muy sensibles con los cuales consiguieron éxitos que los asombraron. Por desgracia, y como ya sabemos que ocurrió con posterioridad, sus logros no eran reproducibles y cuando tenían que demostrar los progresos todo, o casi todo, fallaba, quizá porque el ambiente no era el adecuado.

Por si fuera poco, la publicación en 1886 de un libro titulado «Alucinaciones telepáticas» no sirvió para captar muchos lectores, y eso que, a pesar de lo que aparentaba el título, defendía con ahínco la telepatía y la transmisión del pensamiento, ambas similares pero diferenciadas y matizadas en dicho libro.

Después llegaron otros, entre ellos un tal Richet, el cual se dedicó a adivinar el pensamiento siguiendo la línea marcada por los magos y prestidigitadores, con bastante acierto pero sin que ello le supusiera ningún aplauso por parte de los científicos. Pero lo que en el mundo del espectáculo funcionaba perfectamente no servía para las pruebas en un laboratorio, básicamente porque el número de cartas empleadas era menor en el circo. Las barajas habituales suelen estar compuestas de 40 naipes, mientras que las que se exigían en una prueba certificada eran 99 o más. Lógicamente, las probabilidades de acertar eran menores y apenas conseguían superar el 30 por 100.

Y así siguieron los pequeños fracasos hasta que llegaron Gurney y Myers, quienes decidieron ampliar sus objetos visuales uniéndolos al olfato y los colores, además de tratar de sintonizar con sensaciones. También llegaron los primeros dibujos y anagramas concretos, patrón para los actuales firmemente establecidos y que fueron los que permitieron despegar el número de aciertos. Por alguna razón extraña, era más fácil, y aún lo es, adivinar o transmitir un anagrama que un número o un color. Luego se supo que eso se denominaba como «percepción», mucho más acertado que adivinación, con lo cual **el receptor solamente tenía que captar la idea**, el mensaje, aunque no fuera tan exacto como cuando se trataba de números. Y es fácil de comprender que así fuera, pues un número concreto se acierta o se falla, no hay más opciones, mientras que una idea se puede percibir de distintas maneras y ser igual a la emitida.

Y ésa fue la línea seguida por todos los experimentadores, introduciéndose los movimientos del emisor, por ejemplo, levantar una pierna, lo cual hacía que el receptor levantase también su pierna, no exactamente igual, ni al mismo nivel, pero el resultado final era que la levantaba. Ya no había transmisión del pensamiento, sino del movimiento, y eso ocurría incluso en distancias mayores, pues tampoco era necesario estar situados en el mismo edificio.

Telepatía natural

Todos estamos más o menos familiarizados con lo que quiere decir saber leer la mente, aunque en realidad no entendemos claramente todo lo que esto implica. Básicamente, la telepatía puede ser descrita como una comunicación entre dos mentes, aunque los científicos prefieren hablar de casualidad y los estudiosos de percepciones extrasensoriales. En realidad son dos cosas distintas, pues las percepciones extrasensoriales son una forma mediante la cual recibimos experiencias psíquicas de todo tipo, mientras que la telepatía se refiere únicamente a la transmisión del pensamiento.

Hace ya mucho tiempo que la ciencia descubrió que **la distancia no supone una barrera para la transmisión del pensamiento**, y una de las pruebas más patentes de ello fueron los experimentos llevados a cabo en una de las misiones lunares por parte de un astronauta que más tarde se dedicaría a la investigación de los fenómenos parapsicológicos. Así, también ha sido demostrado que la habilidad para transmitir y percibir el pensamiento está latente en todos nosotros y sólo basta que nos apliquemos en querer hacerlo, removiendo primero los condicionantes y el negativismo de los científicos, y dejando abierta nuestra mente analítica para asimilar lo que nuestros sentidos perciben. **Las pruebas de laboratorio han demostrado que esta comunicación es mucho más fácil y posible cuando existen vínculos de carácter emocional entre los participantes**, del mismo modo que debe existir compatibilidad entre una emisora y un receptor de radio, o entre dos líneas telefónicas. Si esto es admitido sin problemas, ¿no es lógico que en la telepatía se deban dar las mismas circunstancias?

No debemos considerar que es imposible transmitir mensajes vía telepática, mucho menos en una época en la cual viajan por el espacio toda clase de señales, visuales, eléctricas, acústicas, etc., todas ellas sin necesidad de que exista una conexión directa entre emisor y receptor. Es más, **las señales emitidas pueden ser enviadas aunque el receptor no esté predispuesto o atento a recibirlas**. El único problema con respecto a la telepatía, es que el ser humano todavía no sabe cómo emplearla con eficacia y a voluntad.

Lo que no parece que lleve a ningún camino concreto son las pruebas que se realizan «a nivel científico», en las cuales dos personas separadas por un biombo o pared tratan de comunicarse realizando dibujos o visualizando diferentes cartas, todo ello bajo la supervisión de los científicos. **El fracaso habitual en esas pruebas no indica la imposibilidad del mensaje telepático**, sino solamente que para que se puedan realizar se requieren otros condicionantes que no se dan en la sala insonorizada de un laboratorio. Los fracasos son similares a lo que sucede cuando se realiza una sesión de espiritismo en presencia de un observador que quiere demostrar al mundo que todo eso es mentira. El ambiente es tan negativo que es imposible que se pueda efectuar.

Para quienes hemos vivido y disfrutado de la telepatía en numerosas ocasiones, la experiencia es real y no tenemos ninguna duda de que existe. Sin embargo, también admitimos que no suele ser voluntaria y que se manifiesta de forma espontánea y no necesariamente en casos graves.

Una vez que hemos admitido que los fenómenos telepáticos existen y que se conocen casos desde hace cientos de años, solamente nos queda jugar con hipótesis para tratar de darle una explicación «científica». Pudieran ser ondas electromagnéticas similares a un aparato de radio, las cuales pueden ser captadas incluso a miles de kilómetros de distancia, aunque ahora esas señales solamente las podrá captar una persona capacitada para ello. Sería como reconocer que esa persona tiene capacidad para recibir esas ondas por motivos desconocidos. De aceptar esa idea cada persona puede emitir su pensamiento en una longitud de onda concreta y, si tiene la suerte de que el receptor la capte, entonces la transmisión telepática se efectuará; en caso contrario se perderá en el espacio.

Bueno, pues esa teoría puede que no nos sirva para el cerebro humano, puesto que algunas pruebas telepáticas se han efectuado con éxito con ambas personas metidas dentro de una caja Faraday, en la cual no pueden penetrar esas radiaciones. Hasta ahora no se conoce un solo aislante de esas ondas cerebrales.

Parece admisible que una persona que ha decidido visitar o hablar con alguien en concreto efectúe durante algún tiempo pensamientos sobre esa persona, la cual es más factible que los capte que otra ajena. Por eso no es extraño que abramos la puerta a un familiar y le digamos aquello de: «¡Qué sorpresa, ahora mismo estaba pensando en ti!» Estos actos tan cotidianos no asombran a nadie y habitualmente se denominan como «casualidad», pues la palabra telepatía nadie se atreve ni a mencionarla. Pero la misma palabra «casualidad» se refiere a una combinación de circunstancias que no podemos prever, lo que no excluye los mensajes telepáticos, sino que los refuerza.

Eso nos lleva a una cuestión nueva y apasionante: **la existencia de mundos paralelos**, al menos mentalmente. Parece ser algo habitual que dos personas, situadas en países distintos, y que nunca han tenido conocimiento el uno del otro, lleguen en el mismo momento a una conclusión igual. Este razonamiento puede ser una teoría, un invento o una idea brillante. Si repasamos los grandes inventos de la Humanidad veremos que siempre han sido divulgados o inventados por dos personas, en la misma época, pero en lugares diferentes. Dependiendo de los medios económicos y sociales de uno u otro, se llevaría los aplausos solamente uno de los inventores, mientras que el otro apenas recogería las migajas. El cinematógrafo, el autogiro y hasta el teléfono son inventos atribuidos a una sola persona, aunque ahora sabemos que simultáneamente fueron descubiertos por otras.

La conclusión ya está esbozada y es que **la mayoría de los seres humanos** (no sabemos qué ocurre con los animales) **poseemos dotes para enviar y recibir mensajes telepáticos** y lo hacemos con frecuencia, pero nos es muy difícil realizarlos a voluntad y con órdenes concretas. Los motivos aún son desconocidos y quizá siempre lo sean, al menos hasta que se invente una máquina que sea capaz de medir todas las señales y energías que emanan de nuestro cuerpo.

Los sentidos

Hablamos de cinco sentidos y uno más, el sexto, al que le otorgamos todo un conjunto de sensaciones y sentimientos complicados de explicar, pero lo cierto es que ninguno de ellos sería capaz de transmitir nada si no fuera por la compleja labor efectuada en el cerebro. Allí se procesan los estímulos visuales que llegan por los ojos, los sonidos que entran por las orejas, y hasta nos diferencia las diferentes sensaciones gustativas, táctiles y olorosas.

Ésa es la mejor explicación para admitir que la telepatía es posible, pues solamente se trata de un nuevo proceso, ahora originado en otra mente. Transmitir algo que vemos o percibimos a otro cerebro no debería ser nada difícil, pues **se trata de un órgano que por naturaleza está diseñado para eso, para admitir datos del exterior**. El problema es que no sabemos con certeza y efectividad cómo hacerlo. La

Humanidad tardó miles de años en inventar la radio sin hilos, algo impensable hasta entonces, pues eso de que los sonidos viajaran en forma de ondas por el aire y que una máquina los pudiera recoger y enviarlos luego a otro lugar no se lo creía nadie.

De algún modo, y eso lo veremos en este libro, debe existir un sistema eficaz para que podamos recoger las ondas cerebrales, almacenarlas y posteriormente reproducirlas, pues no tienen que ser tan diferentes a las ondas electromagnéticas. Si la fotografía es capaz de recoger, guardar y mostrar una imagen, el magnetófono lo hace con los sonidos, y un electroencefalógrafo con las corrientes eléctricas del encéfalo, posiblemente sea fácil inventar un aparato que haga lo mismo con el pensamiento.

Mensajes del más allá

¿Se puede considerar un proceso telepático el hecho de recibir un «mensaje» procedente de un fallecido, espíritu o ángel? ¿Cuál es la diferencia con un mensaje enviado simplemente en un laboratorio especializado por un emisor?

Para aclarar este concepto debemos primero cuestionar la posibilidad de vida después de la muerte o de la existencia de cualquier ser etéreo o celestial. Si admitimos su existencia, o al menos no tenemos pruebas de que no existan, lógicamente el mensaje telepático sería una buena forma de comunicación entre ellos y nosotros. Puesto que los espíritus son capaces de viajar a grandes distancias, atravesar paredes y, si las circunstancias lo requieren, materializarse delante de nosotros, no hay razón para dudar de que sus mensajes nos lleguen vía cerebral, directamente a nuestra alma.

Bien, una vez admitida esa hipótesis, avalada por cierto con miles de experiencias durante miles de años, deberíamos considerar que el mensaje telepático también podría transmitirse entre los seres vivos, pues a fin de cuentas somos similares en todo a los sobrenaturales. Nosotros, aunque mortales, no nos diferenciamos esencialmente de los muertos, ya que nos une ese elemento extraño denominado alma, y posiblemente ése sea el lazo de unión entre ambos.

Eso nos lleva a considerar si la telepatía no será en realidad **una comunicación entre almas**, no entre cerebros, lo que explicaría la dificultad de duplicar las pruebas de laboratorio. Todo lo relativo al alma está tan por encima de nuestro cuerpo que no es extraño que nada podamos hacer por controlar esta forma de enviar y recibir mensajes.

Existe también la hipótesis de un cuerpo astral que, aunque unido al cuerpo físico, puede desligarse en determinadas circunstancias. Según esta conclusión, el movimiento de cuerpos, la telequinesis, también podría estar ocasionado por medio de los miembros fluídicos de un médium.

TERMINOLOGÍA

Telequinesia

La parapsicología la define como el desplazamiento de objetos sin causa física observable, sea con el auxilio de un médium, una entidad oculta, o mediante los poderes mentales del sujeto observado. La fuente de energía para mover los objetos es por supuesto la mente, la cual no solamente puede ejercer movimientos del objeto hacia la persona dotada con esa facultad, sino que también puede desplazarlos en cualquier dirección. Al contrario que el magnetismo o la fuerza de gravedad, tan presentes que nadie duda que existan, mediante la telequinesis (telequinesia o telecinesis) se pueden mover objetos en cualquiera de las tres dimensiones.

El problema es que esta facultad es más difícil de comprobar que otras, pues no es frecuente, y solamente podemos saber de ella mediante la lectura de ciertos libros o por la contemplación en las películas, de las cuales «Carrie» es el mejor exponente. La Biblia nos cuenta un caso parecido cuando nos menciona a Jesús diciendo al difunto Lázaro que se levante, pero posiblemente se trate más de un fenómeno de resurrección de los muertos que de un ejercicio de telequinesia, pues no sabemos que ese milagro u otro parecido se hayan realizado posteriormente.

No obstante, la literatura es pródiga en muchos casos de transporte de cosas por causas o fenómenos desconocidos, especialmente cuando nos hablan de cartas que se escriben solas, velas que se apagan, muebles que se cambian de sitio por las noches o cosas que desaparecen de nuestra vista. En estos casos, bastante frecuentes, no existe una persona que dé esa orden para el movimiento de objetos, pero parece bastante probable que se hayan movido mediante algún poder mental. Lo único importante, cuando nos cuenten o asistamos a uno de estos fenómenos, es **averiguar si es un espíritu quien realiza la acción o una persona viva**.

El caso más popular de esto, si no tenemos en cuenta a los magos o prestidigitadores, es el de Uri Geller, el hombre que apareció varias veces ante las cámaras de televisión para hacernos demostración de sus poderes, doblando cucharas o deteniendo relojes, y aunque nadie ha podido confirmar su autenticidad o falsedad, lo cierto es que sus objetos se movían ante nosotros.

La conclusión es que, si la telequinesia existe, debe tener relación con las mismas fuerzas de la naturaleza nombradas anteriormente, especialmente con el magnetismo. Si el planeta Tierra y algunos metales poseen esta energía, parece razonable aceptar que el ser humano, compuesto básicamente de los mismos elementos que el resto de la naturaleza, también debe poseer «poderes» similares.

Para los científicos todo es pura fantasía efectuada mediante trucos visuales, pero siempre es mejor aceptar que **el ser humano no lo sabe todo del mundo que lo rodea** y que hay numerosos misterios y fenómenos a los que posiblemente nunca podrá encontrar una explicación lógica. La respuesta más sensata sería admitir que tiene que haber muchas más fuerzas en la naturaleza de las que hoy conocemos.

Trepanación

La trepanación es el proceso de abrir un agujero en el cráneo. De acuerdo con John Summer, profesor de antropología en la Universidad de Tulane, la trepanación es la práctica quirúrgica más antigua y que aún es practicada ceremoniosamente por algunas tribus africanas. Un cráneo trepanado encontrado en Francia fue datado como originario del año 5000 a.C.

Bart Huges (1934), médico graduado que nunca había practicado la medicina con excepción de algo de autocirugía, creía que la trepanación era el camino hacia un nivel superior de conciencia. Quería ser psiquiatra, falló también en el examen de obstetricia, y por tanto nunca llegó a practicar, lo que supuso un alivio para sus hipotéticos enfermos. Después de años de experimentar con el LSD, la marihuana y otras drogas, en 1965, **iluminado por algún espíritu demencial, cayó en la cuenta de que el camino para el crecimiento espiritual era taladrar un agujero en su cráneo**. Para lograrlo utilizó un taladro eléctrico, un escalpelo y una aguja hipodérmica, además de algo de anestesia local. La operación le llevó cuarenta y cinco minutos y cuando le preguntaron si en verdad se sentía iluminado dijo: «Me siento como cuando tenía catorce años», aunque no explicó si se refería a su estupidez, inconsciencia o qué.

¿Qué llevó al doctor Huges a creer que la trepanación lleva al crecimiento espiritual? La primera idea llegó cuando se le enseñó que podía «colocarse» (estar bajo el efecto de una droga) si lograba entrar dentro de su cabeza. Entonces pensó que liberando permanentemente la presión podría incrementar el flujo de sangre hacia el cerebro y alcanzar así su propósito. Nadie le explicó que eso se podía lograr simplemente aumentando el aporte de oxígeno, bien sea con un paseo en barca, algo de meditación en un bosque o tomando infusiones de vincapervinca, por lo que tomó una gran dosis de mescalina para ascender al cielo de los iluminados.

Pronto entendió realmente la cuestión: *«Reconocí que una conciencia más amplia dependía del volumen de sangre que llega al cerebro.»* ¿Cómo es posible que esa conclusión tan elemental, sabida por cualquier persona medianamente culta, no estuviera clara en la mente de un médico?

La trepanación en el pasado se empleó ampliamente para liberar la presión en el cerebro causada por una enfermedad traumática o para liberar los espíritus malignos. Lo primero es aún ahora un procedimiento médico aceptado, pues se extirpan tumores cerebrales o se abren arterias colapsadas por un coágulo o trombo, pero lo segundo ha muerto en aquellas partes del mundo donde el entendimiento científico ha reemplazado la creencia en demonios invasores de cuerpos. No obstante y por si creen estar a salvo de brujos con título de médico, les advertimos que todavía se efectúan trepanaciones para intentar curar desórdenes mentales, sin que sepamos quién está más loco, si el pobre e infeliz paciente, o el médico que, taladro y sierra en mano, demuestra su pasión por «La matanza de Tejas».

Presentimiento

Se trata de cierto movimiento del ánimo que hace antever y presagiar lo que ha de acontecer o, también, adivinar una cosa antes de que suceda por algunos indicios o señales que la preceden.

¿Podemos considerar los presentimientos como una forma de la telepatía? Posiblemente sean lo mismo, puesto que nos avisan del algo desastroso que está a punto de ocurrir y parece obvio pensar que para que el mensaje nos llegue ha tenido que realizarlo una persona determinada. Que alguien desista de tomar un avión porque manifiesta tener «un presentimiento» de catástrofe, o que un padre salga en busca de sus hijos a la carretera porque está seguro de que han tenido un accidente lejos de allí, son pruebas de que **el cerebro humano es capaz de enviar mensajes de un modo que aún desconocemos**.

Levitación

Se trata de la acción o el efecto de levitar, de la sensación de mantenerse en el aire sin ningún punto de apoyo. Aunque parecen dos definiciones iguales, la segunda es considerada erróneamente como una enfermedad mental, mientras que la primera es un acto físico.

Nuevamente es el propio Jesús quien nos ofrece una versión en directo de un fenómeno paranormal al caminar sobrio sobre las aguas, aunque sus detractores alegan que en realidad lo hizo sobre el lecho de arena parcialmente oculto por el río. Posteriormente nos cuentan que ascendió a los Cielos delante de sus discípulos, aunque este hecho pudiera ser más metafórico que físico.

Levitar podría ser el equivalente a emplear una fuerza que anulase la gravedad, con lo cual ya tendríamos una posibilidad de que se pudiera realizar, puesto que en la actualidad se efectúa en cámaras cerradas y por supuesto en el espacio. Que una persona sea capaz voluntariamente de hacerlo no debe parecernos inverosímil, aun cuando nunca hayamos sido testigos de un caso similar, salvo en los espectáculos de David Copperfield. Algunos estudiosos mencionan el caso de un tal Carlo Mirabelli, un italiano que era capaz de salir incluso volando por las ventanas, y aunque no sabemos cuál era su destino tuvo algunos homólogos en

Rusia en la época del comunismo dictatorial, lo que nos parece más lógico.

Puesto que **la levitación es un acto factible**, al menos si lo consideramos como lo opuesto a la gravedad, no nos debe extrañar que una persona, en un lugar determinado y con unas condiciones atmosféricas o magnéticas adecuadas, pueda ser capaz de elevarse por los aires sin un esfuerzo aparente. Para ello solamente tendría que lograr disminuir su peso o hacer que fuera menos denso que el aire, lo que tampoco es imposible, al menos en teoría, ya que sabemos que hay elementos naturales a nuestro alcance que pueden modificarse y hacerse menos pesados que el aire.

Levitación personal

Pero otro fenómeno directamente relacionado con la levitación tiene aún más importancia que el espectáculo de ver a una persona elevarse en los aires, y es la levitación personal, registrada en cualquier manual de psiquiatría. Hay miles de personas que manifiestan haber efectuado movimientos de levitación en la soledad del dormitorio, con la misma facilidad que andan sobre el suelo.

El mecanismo, bastante más habitual de lo que parece, consiste en permanecer tumbados en la cama, preferentemente de noche, y cerrar los ojos para comenzar una ascensión horizontal hasta casi tocar el techo. Quien ha sentido o efectuado estas levitaciones en los años tempranos de su juventud, como es mi caso, les puedo asegurar que, además de apasionante, es la experiencia más fantástica que se puede sentir en estado consciente.

Todavía permanecen en mi mente las extraordinarias sensaciones cuando el cuerpo comienza a elevarse, lentamente —aún lo recuerdo como si lo estuviera viviendo—

hasta llegar al techo y encontrarme casi pegado a él con mis narices. También recuerdo la facilidad con la cual podía moverme en ese plano por toda la habitación. Si alguno de mis hermanos entraba en la habitación cuando yo estaba arriba ni siquiera percibía mi presencia, por lo que nunca pude demostrar que era cierto. Estos viajes los efectué docenas de veces, las últimas a voluntad, y aunque en la actualidad he perdido esa facultad, no tengo ninguna duda de que esas vivencias eran totalmente ciertas, especialmente cuando otras personas me han confesado que ellas también vivieron las mismas sensaciones en su juventud.

Teletransporte

¿Tiene esto el mismo significado que la traslación de la materia? Pudiera ser, en el supuesto de que se tratara de mover objetos con el auxilio de una máquina, tal como se efectúa perfectamente en «Star Trek» (ya saben, «dos para transporte»). En ese caso, sin embargo, no hablaríamos de la lucha contra la gravedad o disminución brusca del peso, sino de diluirse o desmaterializarse en un lugar dado, para materializarse en otro.

Las hipótesis científicas son muy amplias llegado a este punto, pues podríamos convertir a una persona en gas y posteriormente restituirla al estado sólido en algún sitio distante, tal como hacemos habitualmente con el agua. **Como poder lo podríamos hacer ahora mismo, pero a costa de la muerte del infeliz, aunque no nos quedaría más remedio que admitir que la traslación se ha efectuado**.

Por eso, y aunque tanto la levitación como la traslación no son quimeras imposibles de realizar en un futuro, de momento nos tenemos que conformar con seguir viendo realizar los fenómenos descritos en el cine.

PSICOQUINESIS

Más concretamente, el término psicoquinesis se emplea para definir una técnica de la mente para dominar la materia a través de medios invisibles. Los ejemplos conocidos de PQ hablan de movimientos de objetos y doblar metales, así como predecir ciertos eventos. Puede ocurrir espontánea o deliberadamente, y el proceso puede ser inconsciente o consciente.

Derivado del término *psychokinesis*, unión de las palabras griegas que significan «respiración», «vida» o «alma» y *kinein*, que significa «mover», se conocen datos de PQ (psicoquinesis) que proceden de tiempos antiguos. Las ocurrencias incluyen levitación, curaciones milagrosas, luminosidades y otros fenómenos físicos atribuidos a personas santas y adeptos a la magia del mundo entero. Se mencionan tales fenómenos en la Biblia, sobre todo en el Nuevo Testamento, en el Libro de los Actos. Un ejemplo concreto se cita cuando San Pablo estaba orando y cantando himnos en Éfeso, y fue apresado a medianoche (Actos, 16: 19-40).

Se piensa igualmente que los hechizos, posiblemente mágicos, las maldiciones y los rituales para controlar el tiempo pueden involucrar fenómenos de PQ, especialmente los conjuros de mal de ojo. También hay numerosas declaraciones de PQ en las sesiones de espiritismo, como materializaciones y desmaterializaciones, levitaciones, mesas que suben o se ladean, golpes secos y apariciones de ectoplasma y seudópodos.

En el siglo XIX el doctor Holmes era conocido por su habilidad para levitar y manejar carbón ardiente sin quemarse. También durante ese tiempo había individuos conocidos como «personas eléctricas», descritas en el cine repetidas veces, que eran capaces de absorber y generar el síndrome del «alto voltaje». Esas personas conseguían igualmente atraer objetos de metal hacia su piel, cuchillos y tenedores, y con un toque podían poner todos los objetos a volar en un cuarto.

A principios del siglo XX Rudi Schneider, otra persona conocida por su habilidad en PQ para la materialización y telequinesis de objetos, fue estudiado por diversos investigadores del psiquismo. Este hombre dio origen a que en los años 1930 el interés por la PQ aumentara y se crearan numerosos centros para el estudio serio de la parapsicología, particularmente en la Unión Soviética y los Estados Unidos. Sin embargo, los resultados de los estudios clínicos controlados han sido contradictorios y algunos fueron acusados de falta de rigor y otros simplemente de fraude.

Desde entonces puede afirmarse que para que los fenómenos de psicoquinesia ocurran, deben darse ciertas condiciones necesarias y requisitos. Cada investigador ha empleado sus propios procedimientos y experimentos, pero al no existir una uniformidad ni una valoración lo que para unos es correcto para otros es erróneo.

LOS ESTUDIOS

J. B. Rin

Un parapsicólogo de la Universidad Duke de Carolina del Norte, J. B. Rin, empezó dirigiendo experimentos de PQ en 1934 y, aunque no fue el primero en estudiarlos seriamente, fue al menos quien dirigió una escuela de experimentación que rindió resultados significativos. El asunto más importante de Rin fue sobre un jugador que decía poder influir en el juego de los dados para que salieran ciertos números o combinaciones. Los primeros datos experimentales mostraron resultados esperanzadores, pero después las conclusiones fueron muy desiguales.

Rin no publicó sus hallazgos inmediatamente, por varias razones: la PQ tenía una reputación dudosa en aquel momento, él no había querido testigos de sus experimentos y las pruebas efectuadas no eran del agrado de todos. Finalmente publicó sus hallazgos cuando un ayudante dijo a la prensa que los experimentos mejoraban significativamente y que las últimas sesiones eran magníficas.

En la publicación de sus experimentos Rin informó que observó que esas PQ no parecen conectar con ningún proceso físico del cerebro, ni estar sujetas a cualquiera de las leyes mecánicas o físicas. Más bien, parece ser una fuerza no corporal de la mente que puede actuar estáticamente y cuyos resultados pueden medirse, aunque **no pueden ser explicados por medio de la física**. Rin concluyó más tarde que la PQ era similar a la telepatía, aunque ambas eran independientes en el espacio y en el tiempo. La telepatía era una parte necesaria del proceso de PQ, y viceversa. **Las órdenes telepáticas ejercen una influencia en la materia, pero para ello tienen que entrar en un punto crítico en el espacio, y en el momento correcto del tiempo**. PQ y telepatía están influidas por las drogas, la hipnosis y otros asuntos mentales. También, Rin creía que **la fe sana las enfermedades** y la curación aparentemente atribuida a la magia eran fenómenos de PQ en los que se ejercía un efecto psicogenético, a veces a distancia, en el cuerpo.

La investigación de Rin marcó el principio de una nueva era en la experimentación de PQ. Antes de 1940 la mayoría de las observaciones en PQ ocurrieron a través de médiums y espiritistas que generalmente efectuaban sus pruebas en salas oscuras privadas. Era imposible establecer cualquier control científico dentro de tales escenas y, aunque había muchas imputaciones de fraude, tampoco se pudo comprobar realmente que otras fueran reales.

El siguiente trabajo de Rin en la experimentación de PQ estaba dividido en dos categorías:

1. Macro-PQ, o eventos notables.
2. Micro-PQ, efectos débiles o ligeros no percibidos a simple vista y que requerían una evaluación estadística. En estos efectos es donde se puso más énfasis.

Helmut Schmidt

Durante la década de 1960 un nuevo método de comprobación de los micro-PQ fue desarrollado por el físico norteamericano Helmut Schmidt. Su aparato conocido como la «pata de la moneda electrónica» operaba sobre la caída al azar de partículas radiactivas. Cuando esto ocurre se emiten partículas o rayos mediante temperatura, presión, electricidad, magnetismo o cambios químicos. Semejante proporción de emisión es completamente imprevisible y no puede ser manipulada por fraude.

Estos experimentos ejercían una energía mental que influía en las monedas que, a su vez, generaban electricidad para encender bombillas en un aparato. Su aparato fue el prototipo de unos generadores que han jugado posteriormente un papel importante en las técnicas informatizadas.

Schmidt también estaba interesado en determinar la posible influencia animal en la PQ. Realizó por ello algunas pruebas con resultados positivos, pero encontró muy difícil la interpretación de los resultados. Teorizó que los experimentos pudieron verse influidos en los resultados por el uso involuntario de su propio PQ. Su teoría no ha podido ser probada con exactitud, pues es muy difícil lograr aislar certeramente la propia mente del investigador y se llegó a la conclusión de que era imposible saber quién poseía la habilidad PQ, si el animal o el investigador. Debido a este obstáculo poco más se ha hecho para probar la PQ de los animales, aunque siempre que se ha intentado de nuevo se tienen en cuenta las pautas de Schmidt.

Uri Geller

Entre las más notables exhibiciones de macro-PQ están las denominadas como «Efecto Geller». Estos acontecimientos ocurrieron durante los años 60 cuando los experimentos de macro-PQ se pusieron nuevamente de moda. Uri Geller era un parapsicólogo israelita que logró asombrar a los públicos de todo el mundo a través de la televisión, especialmente por su asombroso efecto de doblar los metales delante de las cámaras. Para sus detractores, estos hechos se realizaron en un estudio y no en condiciones controladas, pero para quienes tuvimos la suerte de asistir a sus experimentos los resultados eran obvios y parecían estar efectuados por la simple concentración mental. Los poderes de Geller demostraron ser tan poderosos que algunos espectadores dijeron que incluso ciertos objetos de su propia casa sufrían cambios similares. Pero Geller no pudo reproducir con éxito los hechos en condiciones más rigurosas, por lo que abandonó sus espectáculos públicos después de aguantar críticas de magos profesionales, quienes le acusaron de efectuar simplemente trucos de mano, aunque tales denuncias no pudieron ser nunca probadas. Por supuesto, **ninguno de sus críticos fue capaz de reproducir ante las cámaras de televisión fenómenos similares**.

Nina Kulagina

Los soviéticos revelaron su PQ más famosa en 1968. Una ama de casa de Leningrado, Nina Kulagina, nacida en la década de 1920, mostró sus habilidades a los científicos occidentales. Durante sus manifestaciones los asistentes observaron los movimientos de muchos objetos de tamaños diferentes y distintos tipos, tanto estacionarios como en movimiento, experimentos que fueron registrados mediante fotografías. Nina también fue puesta a prueba en sus poderes PQ cuando efectuó la recuperación del corazón de una rana muerta y posteriormente lo volvió a detener. Todavía existen muestras fotográficas de su poder para levitar.

Ingo Swann

Las pruebas de macro-PQ y micro-PQ continuaron efectuándose con metodología sofisticada y los experimentadores enfocaban su atención en los poderes psíquicos y cualquier otra fuerza no conocida que pudiera influir en objetos estáticos y distintos materiales. Los resultados siempre fueron muy variados, y sobre Ingo Swann, un artista de Nueva York, se dice que podía cambiar la temperatura de un objeto cercano a él al menos un grado. También existen escritos que alegan su poder para alterar el campo magnético de un manómetro.

Una gran diversidad

Otros experimentos de PQ han involucrado animales y plantas. Sabemos de sanadores que han curado ratones heridos y otros que mantenían los campos fértiles sin apenas riegos. Los dos mostraron resultados impresionantes y los estudiosos hablaron entonces de los efectos de la PQ en los microorganismos y enzimas. En algunos casos el efecto era suave y no podía reproducirse, pero los investigadores que asistieron a estos resultados sostienen que **suponen una prueba del poder curativo de algunos chamanes** o curanderos populares.

Asociado con estos tipos de experimentos es lo que se conoce como el «Efecto Demore». Un ejemplo de esto es cuando el objeto aumenta o baja la temperatura, lo que es especialmente importante en los procesos curativos y en el crecimiento de las plantas. Es más, se pudo aumentar la temperatura de hojas secas y hasta hay quien asegura que después de la influencia psíquica del sanador las hojas volvían a recobrar su aspecto saludable. Su técnica consistía en emplear agua que él había previamente magnetizado con sus manos, su energía, y esta misma agua, empleada en grandes cantidades, aseguraba un crecimiento óptimo de las plantas.

Hay otros tipos de PQ que se han estudiado pero que no han conseguido el aplauso de los científicos y son juzgados con gran escepticismo. Uno de estos fenómenos es la actividad denominada como Poltergeist. Estos fenómenos incluyen visiones, sonidos inexplicados, rompimiento de objetos y otras actividades misteriosas en una casa o área pequeña. Hay numerosos informes que describen piedras volantes, o mobiliario pesado que se mueve cuando ni siquiera hay una persona en la estancia, aunque están situados siempre en el mismo punto en el cual se han registrado anteriormente otros fenómenos similares.

La actividad del Poltergeist es generalmente asociada con niños o adolescentes. Una sugerencia para esto es que esa actividad está originada por una fuerte represión de la agresividad. Anteriormente se pensaba que la causa era el Diablo, o un demonio que poseía a una persona, pero actualmente se piensa que es una manifestación de actividad de PQ.

Otro tipo de actividad de PQ es aquel que está asociado con la muerte, peligro o una crisis emocional. En tales informes las personas hablan de cuadros que se caen, relojes que se detienen, relojes rotos que vuelven a funcionar incluso sin pilas, y cristales rotos bruscamente. Las personas sienten que estas manifestaciones les indican una muerte próxima o alguna crisis emocional.

La investigación de PQ está haciéndose actualmente en las áreas de la meditación y otros estados alterados de conciencia. También están dirigiéndose experimentos para determinar la existencia de PQ retroactiva, o «retro-PQ», donde se intenta influir en un evento mediante unas acciones telepáticas adecuadas para excluir el azar. Sin embargo, **los incrédulos siempre han conseguido demostrar a los escépticos que todo es producto de la casualidad o de una mala planificación del experimento**.

Aunque la PQ generalmente no es reconocida por los científicos, muchos parapsicólogos creen que, debidamente controlados los experimentos, se podría demostrar su existencia, aunque cuando son efectuados en un laboratorio no se ha conseguido aportar nada concluyente. Los resultados han sido en general insignificantes, lo mismo que en las sesiones de espiritismo, pero quizá es que el lugar y el modo no eran de ninguna manera los adecuados. Otros, por el contrario, dicen que la PQ podría abrir nuevas posibilidades para las habilidades mentales.

LA MENTE ENCIMA DE LA MATERIA

¿Ha estado sentado alguna vez en su automóvil ante un semáforo esperando la luz verde? ¿Ha mirado fijamente una máquina para que se pusiera en funcionamiento cuanto antes? Según los resultados de recientes experimentos con PQ, ésta es una prueba de que esperamos algunos resultados de nuestros poderes mentales. Investigadores en universidades y laboratorios privados de todo el mundo dicen que la PQ, la habilidad para modificar objetos inanimados y remotos mediante los poderes mentales, es un fenómeno probado. Sus conclusiones vuelan entre las creencias científicas aceptadas y el empirismo.

Históricamente, el estudio de la percepción extrasensorial, la psicoquinesis, la clarividencia y fenómenos similares han encontrado siempre reacciones que van desde el desprecio científico a la persecución religiosa. Afortunadamente, aquellos que exploran los poderes esotéricos de la mente humana ya no son quemados en la hoguera, aunque siguen siendo objeto de burla por la comunidad científica. Cierto que reparar el daño hecho por personas fraudulentas e investigaciones débilmente consolidadas es algo con lo que hay que luchar, y por ello los laboratorios están aplicando una metodología científica más rigurosa en sus estudios.

El laboratorio Princeton Engineering dedicado al Programa de Investigación de Anomalías, establecido en la Universidad de Princeton en 1979 por Robert Jahn, decano de la Escuela de Ingeniería y Aplicaciones Científicas, se dedica desde entonces a estudiar la interacción de la conciencia humana con dispositivos físicos sensibles.

Este laboratorio usa varias máquinas de azar que generan sucesos diversos a los que denominan *ergios,* con los cuales tratan de probar los poderes de la mente humana. Una máquina deja caer en forma de cascada unas pelotas pequeñas que pasan por una serie de clavijas hasta unas cajas. Cuando salen, la mayoría de las pelotas se amontonan en la apertura central y forman una colina al fondo. Los operadores que prueban su habilidad de telequinesis intentan cambiar el rumbo de las pelotas, derivándolas a izquierda o derecha.

Otras pruebas son más complejas. A menudo, los operadores intentan influir en un ERGIO conectado a un despliegue visual. Situándose en el centro de un monitor, por ejemplo, y una vez que la computadora genera movimientos aleatorios de una línea, el operador intenta influir en la máquina mentalmente y hacer que la línea se mueva más alta o más baja.

Las variaciones en el tema del ERGIO incluyen golpes de tambor de azar, mientras que los operadores provocan más ruido o golpes más suaves en la máquina, así como imágenes de computadora mezcladas para que los operadores intenten traer una imagen al frente y permitir desplazar a otra. También se emplea una fuente de agua y en este caso los operadores intentan influir en la altura del chorro: hacer que caiga de forma más caótica o más estructurado.

Según dijo Brenda Dunne, psicóloga del laboratorio, ***«la mente humana posee una gran facultad para modificar sucesos aparentemente ocasionados por el azar»***.

En su libro *Márgenes de la realidad* Dunne examinó la naturaleza de la PQ y afirmó que sus resultados son ahora mucho más fiables que las investigaciones pasadas y que eso se debía a que *«nosotros creemos que la sofisticación del equipo, los bancos de datos mayores y la automatización en el cruce de los experimentos, es el camino más adecuado para evitar fallos técnicos, estadísticos o de fraude en el operador. Más importantes aún son la especificidad y la repetición de los experimentos individuales y que, unidos a la estadística, evitan toda casualidad».*

Pero mientras que los resultados mensurables de sus experimentos son sumamente pequeños, otros miles de ensayos han mostrado ser estadísticamente significativos, repetibles, y capaces de reproducirse con operadores y lugares diferentes. Para abreviar, los recientes experimentos parecen indicar que **la mente humana puede controlar máquinas elaboradas exclusivamente para ser alteradas mediante el pensamiento**. Las investigaciones de este grupo convencen a sus seguidores, aunque todavía no han logrado hacerlo con la comunidad científica global. La resistencia a las teorías de PQ llevan detrás de sí siglos de persecución institucional, burlas, imputaciones de farsantes e ignorancia, por lo que resulta difícil romper esa tendencia.

La larga batalla por ser aceptados

Los experimentos de micro-PQ y el examen sobre la habilidad de la conciencia humana para influir en máquinas diminutas, están en una relativa y reciente línea de investigación, después de haber aparecido hace poco más de treinta años. Estudiar el poder de la conciencia humana, sin embargo, ha sido una tradición desde el alba de la Humanidad, como podemos comprobar repasando los trabajos sobre la parapsicología en científicos como **Aristóteles, Newton, Pauli y Einstein**. La pregunta es obvia: si estos científicos estuvieron interesados en este asunto, ¿por qué la comunidad científica en conjunto apenas muestra interés en ello y no establece, al menos, una relación entre la conciencia y la acción, el sueño y la realidad, el espíritu y el cuerpo?

Einstein defendió ese escepticismo científico que salía de las etiquetas artificiales, categorías y teorías, refiriéndose a ellos como procesos naturales: «*Conceptos que han demostrado ser útiles, pues nos muestran cosas y fenómenos que están por encima de nuestra autoridad como científicos, olvidándonos de nuestro origen humano y que debemos aceptar como invariables.*» «*El sistema de conceptos* —dijo—, *es meramente una creación de la mente humana, una convención libremente escogida, así como lo es el concepto de causalidad.*»

Un científico que no se alejó tampoco de estos fenómenos fue el físico Helmut Schmidt, antes mencionado. Mientras trabajaba en el Instituto de Parapsicología (también conocido como Centro Rin de Investigación) en Durham, Carolina del Norte, en los años 70, Schmidt fue el primero en estudiar los efectos de la conciencia humana en ergios.

Una de las máquinas típicas de Schmidt era un dispositivo que disponía de dos luces, una roja y otra verde. Los operadores intentaban hacer que la luz roja oscilara más a menudo que la luz verde, solamente por el poder de sus pensamientos. A lo largo de sus experiencias, Schmidt estableció que los operadores lograban apenas un éxito del dos por ciento más que el azar de la máquina.

Los artículos de Schmidt, publicados en el *Periódico de Parapsicología,* permitieron que otros intentaran reproducir sus experimentos. Por lo menos, desde los años 50 al presente, setenta y cinco laboratorios independientes han dirigido centenares de experimentos sobre los poderes de la conciencia humana. Sus métodos han mejorado, con recientes experimentos que siguen una metodología científica estricta en condiciones repetibles, y sus hallazgos tienen todos cosas similares: los operadores han hecho pequeñas cosas pero estadísticamente significativas y se han podido repetir exclusivamente por medio de una simple intención.

«Schmidt y aquellos que le siguieron causaron un cambio fundamental en cómo nosotros percibimos la psicoquinesis —dijo el doctor Richard Broughton del Instituto de Parapsicología—. *En los años finales de la centuria de 1800, los experimentos de PQ involucraron mesas u objetos más voluminosos y pronto encontramos muestras de la capacidad de la mente humana para modificar la naturaleza.»*

Según la evidencia basada en su trabajo, Brenda Dunne cree que las desigualdades que se muestran habitualmente en los experimentos de PQ no deben excluir los resultados satisfactorios. *«Cuando nosotros tenemos un amplio espectro de resultados, donde también hay un azar real, la probabilidad global de que sean efectuados por la mente humana es de 1 a 13, favorable a la PQ. Nosotros estamos seguros de que nuestras pruebas son reales y no existe ninguna influencia casual, estadística o medioambiental. Hemos refinado nuestros planes durante años para evitar que cualquier artefacto alterara el rendimiento. La conclusión es que nada puede eliminar los efectos.»*

¿Por qué la mayoría de los investigadores están de acuerdo en que sus experimentos independientes muestran poderes mentales que afectan a los sistemas físicos? ¿Existen esos poderes? ¿Cuáles son?

«Nosotros no estamos angustiados por demostrar la influencia de la PQ en las personas —dice Broughton—. *Si ellos no están ahora satisfechos con el peso de los datos, alguna vez lo estarán. Ahora, lo único que queremos es seguir con los procesos.»*

El doctor Dean Radin es director de la División de Investigación de la Mente del Harry Reid Center para los Estudios Medioambientales, en la Universidad de Las Vegas, Nevada. En un experimento que realizó en dicho centro, con la ayuda de otro similar en Las Vegas, se agruparon los mejores resultados y se realizó una muestra exitosa en el Casino Continental.

Radin puso notas relativas a los resultados de algunos de los juegos de azar del casino, incluidos la ruleta y los dados, y los unió a los datos diarios de los factores medioambientales específicos durante los años 1991 a 1994. Según Radin, las investigaciones anteriores sugerían que **el ciclo lunar y el campo geomagnético afectan a la actuación del psiquismo**. Teóricamente, las fuerzas medioambientales podrían afectar también a los materiales ferromagnéticos del cerebro que lo ayudarían a potenciar sus facultades psíquicas y, por tanto, a **influir en las máquinas recreativas**.

«Nosotros predijimos que los pagos a los clientes aumentarían alrededor de la Luna llena, y también cuando el campo geomagnético era menos intenso, con menos fluctuaciones causadas por el centro de la tierra, otros planetas o la actividad solar.»

«En ambos casos encontramos correlaciones significativas en esa dirección, algo que también hemos descubierto con una investigación similar para las loterías nacionales, incluso la australiana, las loterías francesa y soviética. Sus resultados han sido consistentes pero no lo suficiente para lograr inversores económicos en mejorarlos.»

Radin estaba menos interesado en jugar que en mejorar los resultados de sus experimentos de los poderes psíquicos y añadió: *«Si la PQ es un hecho y ha sido empleada en todo tiempo y lugar, lo mismo que en los casinos, sería interesante saber si existe alguna correlación entre los resultados de laboratorio y los que se dan en los casinos. Nosotros lo llamamos PQ grandes, pues no se trata ya de resultados pequeños en los laboratorios o historias individuales, aunque estos efectos de gran potencia no se han estudiado durante mucho tiempo. El problema es que hay consecuencias probablemente sociales que impiden un estudio muy intenso de estos fenómenos y ningún director de casino nos permitiría analizar si hay algo más que el azar en los resultados del juego.»*

Radin está de acuerdo con Broughton en que el énfasis de los investigadores sobre la conciencia humana ha cambiado los procedimientos para las pruebas.

«Durante años he hecho muchas aplicaciones directas para proporcionar pruebas sobre estos efectos —dijo Radin—, *y después de diez años de investigación he decidido que ya no tengo interés en demostrar a nadie lo que yo veo todos los días. Desde los años 50 he visto los mismos resultados, con efectos pequeños pero persistentes y para mí está básicamente probado. La mayoría de mis colegas perdieron el interés después de probar y estudiar durante cinco a diez años y ahora están trabajando en estudios sobre las condiciones necesarias para que aparezcan tales efectos, pues parece ser mucho más importante que las personas en sí. Respecto a éstas, es* ***mucho más decisiva su personalidad, el hecho de que sean diferentes que su posible potencial psíquico****.»*

Demostrar el efecto es una cosa; explicar la causa es otra

A menudo, los investigadores ponen a la PQ en un contexto de física cuántica, donde el mundo físico tiene menos que ver con la realidad que nuestra percepción de esa realidad.

«La interpretación de los resultados —dijo Broughton—, *es la última realidad. Los datos no son reales hasta que los percibimos. Aún más, los sucesos pueden alterar la realidad cuando los percibimos.»*

En su libro *Corazones del Cosmos*, Dennis Overbye explica cómo el físico Niels Bohr aplicó el principio de incertidumbre al experimento con electrones: *«El electrón no tenía ninguna posición o velocidad adquirida antes de que fuera moderado. En cierto modo, el propio electrón no existía antes de que hiciera su marca en un aparato del laboratorio.»* Bohr dijo que los electrones estaban como las olas, vagando por el espacio y pasando a través de las paredes. Teóricamente, si algunas partículas pudieran exhibir esa misma conducta en la Tierra, una pelota de béisbol podría pasar a través de un cristal sin dañarlo.

Algunos investigadores de PQ dicen que es la persona que está observando la máquina ERGIO y planificando el experimento, quien en realidad hace mover los objetos. Por el contrario, Broughton dice que los resultados de sus experimentos no parecen indicar que exista una fuerza mental que altere los átomos en sus máquinas. Más bien, añade, es la conciencia humana la que está insertando información en la máquina, afectando su probabilidad.

Jahn y Dunne están de acuerdo y dicen que la mente, no la realidad externa, es el último factor en cualquier observación. Por consiguiente, la conciencia del observador puede alterar la conducta de las olas y partículas, incluso en las máquinas.

Dunne explica que cualquiera que use una de sus máquinas ERGIO puede generar sin problemas una línea al azar en la pantalla. *«Pero si esa misma persona arroja una moneda, no tiene ninguna manera de predecir el resultado. Cuando los operadores se acostumbran en su intento de actuar recípro-*

camente con las máquinas, los resultados parecen reflejar un sincronismo. La probabilidad de éxito es entonces del 50 por 100 o quizá del 49 o 48, pero de cualquier modo es un cambio mensurable. Lo que ocurre y cómo sucede no lo sabemos», dice. *«Es como si la información se hubiera introducido mediante un ajuste entre la mente y la máquina. Y la distancia no parece importar. Si el operador está cerca de la máquina o alrededor del mundo, los resultados son iguales.»*

«No creo que sea el modelo clásico que teoriza sobre la radiación magnética del cerebro o algo similar. No es una fuerza física. Es más una cuestión de alterar el volumen de información fundamental que obliga a cambiar a la propia máquina. De algún modo, los operadores combinan su intención de hacer algo en la misma extensión, como si fueran parte de la máquina. La división entre el operador y la máquina crece de una forma extraña. Es como si existiera un sistema o canal en el cual sus componentes esenciales fueran el operador y la máquina, produciendo los resultados entre ambos.»

A finales del siglo XIX la teoría científica sostuvo que la mente y la energía estaban separadas. Einstein propuso que ambas eran dos formas de la misma cosa. *«Yo pienso que la materia y la mente también podrían ser la misma energía* —dice Radin—. *Cuando usted enfoca su mente hacia un dispositivo físico, algún aspecto suyo se pone idéntico con alguna parte de materia. Con un generador de azar, hay menos inercia y es más fácil de mover, por lo que se puede poner a su mente en él y hacerle efectuar algo.»*

En el programa de televisión «Herejes de la Ciencia», de la Corporación de la Radiodifusión Británica, Robert Jahn dijo: *«Simplemente puede ser que, más allá de las dimensiones analíticas lógicas de la mente humana, haya otro modelo entero de capacidades espirituales más suaves, intuitivas, que lo conectan de esta manera a la ola mecánica con un universo que también tiene sus propias dimensiones mecánicas espirituales. Y en ese universo de interacción está la parte espiritual de la conciencia humana con la parte espiritual del universo que permite que estas anomalías puedan manifestarse.»*

Pruebas voluntarias usando la PQ para alterar la forma de una fuente

Durante los métodos de comprobación de finales del siglo XX, un estudiante se acercó a Robert Jahn, entonces profesor de ingeniería y estudios aeroespaciales, y le pidió que dirigiera un experimento diseñado para determinar si la mente podría afectar al rendimiento de una máquina. La máquina produjo una secuencia al azar de elementos binarios que los operadores podían observar como una línea dentada que se enrolla por una pantalla. Los participantes en la investigación intentaron subir o bajar esa línea usando solamente PQ, el poder de sus pensamientos. Como Jahn había sospechado, eso fue exactamente lo que hicieron.

Jahn estableció entonces el Princeton Engineering, un programa de Investigación de Anomalías en Nueva Jersey, continuando con sus estudios de PQ en 1979. El laboratorio que ahora dirige realiza una serie de experimentos diseñados para revelar los posibles efectos de la conciencia humana en las máquinas. Jahn, ahora doctorado en ingeniería y ciencias aplicadas, y Brenda Dunne, psicóloga de desarrollo y gerente del laboratorio, creen que los resultados no pueden atribuirse a la oportunidad.

«Dicen que si nosotros aceptamos que la PQ existe, entonces también debemos asumir que la Humanidad lo desarrolla

por alguna razón. La PQ debe ser útil, si es una de nuestras otras habilidades, o no habría evolucionado», dijo el doctor Richard Broughton, del Instituto de Parasicología en Durham, Carolina del Norte. Mirando los datos de los experimentos de micro-PQ, Broughton dijo que él podría resumir la utilidad de la PQ en una palabra: la suerte. Usando la PQ pueden, en un sentido, traernos suerte. Broughton no está haciendo pensar en nada tan específico como poder hacer que nos toque la lotería o que nuestro trabajo mejore, pero podemos tener más oportunidades en la vida para forzar nuestro destino a favor más de lo que la misma naturaleza conseguiría.

Broughton dijo: *«Nosotros pensamos que hay un factor de suerte en la mente de personas cuando consiguen las cosas por las cuales han trabajado y también cuando no las consiguen. Pero si miramos la suerte como un asunto de la naturaleza entenderemos la validez de la PQ, una forma de influir en las vidas ordinarias de las personas.»* Los experimentos de Broughton implican pruebas en individuos que generalmente han tenido éxito en sus trabajos o deseos.

El físico Ed May, del Laboratorio de Ciencias Cognoscitivas de California, ha realizado una alternativa a la hipótesis de la suerte. Él dijo que los fenómenos de la PQ pueden ser explicados por la intuición, y para eso se basa en los experimentos que realizó durante su trabajo en la CIA hace algún tiempo, afirmando por ello (aunque no lo puede explicar con detalle) que pocas personas son capaces de alterar el rendimiento de una máquina mediante sus poderes mentales.

La teoría de May, a la que Broughton denomina como «la mosca en el ungüento», nos habla de las micro-PQ, y la posibilidad de que un operador pueda ver el futuro realmente. *«Se piensa en un generador de números de azar* —dijo Broughton—. *Los operadores apretaban un botón dos-*

cientas veces cada vez que presentían que saldría un número determinado. El resultado era un porcentaje de éxitos de más del 50 por 100, pero para mí eso no es PQ, sino precognición.»

May, sin embargo, denomina a su teoría «la teoría del aumento de decisión», o DAT, aunque a Broughton le parece más cercana a la magia negra antigua. Para May las pruebas solamente tratan de excluir los acontecimientos ocasionados por el azar, aunque no excluye que los resultados puedan estar influidos por la intuición del operador. Según la definición ampliamente aceptada, **intuición es la percepción clara, instantánea, de una idea o una verdad, tal como si se tuviera a la vista, y sin que hagan falta razonamientos para ello**.

En un experimento que dirigió Broughton, los operadores no sabían si la máquina generaría cien eventos binarios o diez mil, pero lo que se pretendía era generar resultados estadísticos mayores con un número también mayor de ensayos. Si la tesis de la precognición (conocimiento anterior) es correcta, los resultados estadísticos deben ser iguales sin tener en cuenta la longitud de la secuencia.

«Nosotros tenemos una masa de datos que nos convencen, pero estamos intentando entenderlos —dijo Broughton—. *Ahora mismo estamos viviendo una época excitante en este campo.»*

El doctor Dean Radin efectuó nuevos experimentos, no solamente con las máquinas de azar, sino que incluso desplegó un gran trabajo en eventos importantes, como la entrega de los Oscar o las pruebas del deportista O. J. Simpson. Quería saber si los pensamientos de muchas personas que se concentraron armónica y deliberadamente en personas o hechos concretos podrían afectar al mundo físico. Las personas seleccionadas eran participantes inconscientes y nunca vieron las máquinas. Radin comprobó, sin embargo, que sus intenciones combinadas afectaron a las máquinas de azar, aunque no proporcionó resultados interesantes en la precognición.

Jahn y Dunne emprendieron experimentos similares, pues dispusieron de un ERGIO portátil durante una representación teatral. No había ninguna oportunidad para repetir el experimento, pero en esa ocasión pudieron actuar recíprocamente con la máquina. Como un barómetro, el ERGIO portátil se dispuso en el lugar para medir el ambiente —en este caso, el ambiente psíquico— y grabó cualquier cambio que la conciencia de grupo pudiera causar a sus datos. Los investigadores encontraron «rendimientos anómalos» en los datos binarios producidos por la máquina.

«Los participantes nos habían dicho que durante la actuación la mitad o un tercio de las personas estarían en resonancia mayor —dijo Dunne—. *Finalmente la actuación se ejecutó ocho veces, y pudimos mostrar una fuerte correlación fuerte.»* Posteriormente, se computerizaron los datos para calcular las desigualdades que son atribuibles a la casualidad, y se observó que el azar ocasionaba dos aciertos de cada diez, mientras que la prueba aportaba cuatro aciertos.

«La intención es sólo parte de los resultados —agregó Dunne—. *Cuando un grupo se comporta como un sistema coherente, un organismo unificado, el azar que se procesa en el ambiente del grupo se hace menos caótico.»*

¿Quién puede hacerlo?

Algunos individuos parecen tener mayor éxito con las pruebas de PQ que otros. Jahn y Dunne trabajaron con ciento cincuenta personas que han participado en sus experimentos durante años, y se comprobó que el 68 por 100 de sus participantes tenían éxito en generadores de azar si lo hacían con intención de alterar los resultados. *«Todos ellos eran voluntarios y ninguno tenía ninguna habilidad psíquica* —dijo Dunne—. *Nosotros somos un laboratorio de ingeniería y no estamos interesados en las habilidades específicas de operadores individuales, por lo que no sabemos si poseen otras habilidades. Nuestra intención era encontrar personas normales que estuvieran interesadas en someterse a esas pruebas.»*

Jahn y Dunne rastrearon estadísticas de cada operador individual según el sexo y encontraron una diferencia significativa entre sus habilidades. Los hombres lograron resultados más cercanos a sus intenciones, pero los efectos eran más pequeños que los logrados por mujeres.

Cuando se juntaron operadores para ver si sus esfuerzos combinados tenían un efecto mayor, los resultados revelaron otra tendencia interesante. En las parejas en que los operadores eran del mismo sexo no había efectos mensurables y sus resultados estaban estadísticamente dentro del reino de la oportunidad. Sin embargo, cuando los sexos eran opuestos, se lograron mejores resultados estadísticamente, y **aún mayores todavía cuando las parejas estaban personalmente unidas**.

Radin y sus experimentos

Radin y su equipo han desarrollado varias pruebas de PQ. En una, los operadores intentaron conseguir que el brazo de un robot dejara caer una taza en un lugar determinado. Si tenían éxito, podían comer un dulce. Radin dijo que los operadores tendrían más éxito si pudieran imaginar que el brazo del robot era una extensión de sus propios cuerpos. Controlado por un generador de eventos al azar, el brazo del robot completaba la tarea por sus propios medios en un promedio de veinticinco movimientos y se usó esa cifra como base para medir el poder de los operadores.

Mientras algunas personas pudieron conseguir el dulce con sólo dos pasos, el promedio de los operadores humanos era sólo ligeramente más eficaz que el robot informatizado y requerían un promedio de veinticuatro movimientos.

Radin dijo que los resultados no son estadísticamente significativos, pero han ayudado a crear una batería normal de pruebas. Ahora, un administrador puede comparar a una persona con otra en las habilidades psíquicas, o la habilidad de la misma persona en días diferentes.

Los experimentos de Radin pudieron mostrar cómo los factores medioambientales afectan a la habilidad de la PQ. Trazó cambios en ciento cincuenta variables medioambientales durante cada día de experimentación. El ambiente creado por Radin era muy variado, e incluía campos geomagnéticos de la Tierra y cambios de presión barométricos. *«Nuestra conclusión final era que sí podríamos predecir un resultado.»* La correlación entre lo real y la predicción fue de un 16 por 100 de éxitos.

Radin puso sus números en contexto: *«Ahora el 16 por 100 no parece grande, pero estamos explicando la variación en algo que las teorías convencionales dicen que deben ser cero por ciento. No debe haber una manera sencilla de predecir un resultado, pero tampoco deben atribuirse todos los éxitos a la casualidad.»*

Radin dijo que su laboratorio todavía no ha coleccionado bastantes datos para medir las dimensiones diferentes de cada operador ni sus habilidades. Para eso, dijo, requeriría miles de pruebas, tantas como personalidades existen. Pero referente a los experimentos del brazo del robot, dijo: *«Las personas que hicieron bien la prueba sabían que así sucedería. Son personas que tienden a ser extravertidas, entusiastas y creyentes. Frecuentemente hacen meditación, Tai-chi, estudian matemáticas abstractas o efectúan alguna disciplina mental.»*

En los experimentos de micro-PQ, Radin halló que las personas que estaban acostumbradas a ejercer una disciplina mental podían hacer la tarea mejor. *«En nuestra sociedad, nosotros no nos entrenamos para usar nuestras mentes de esta manera. Para la mayoría de nosotros, el mundo es automático y no tenemos que enfocar con la mente para que se muevan los objetos.»*

Además de la disciplina mental, Radin cita que un rasgo psicológico llamado «franqueza» es un contribuyente para el éxito en la PQ. ***«Las personas que gustan probar nuevas cosas y están abiertas a las nuevas ideas mejoran sus resultados*** —dijo—. *Sin embargo, aquellas interesadas solamente en mantener su* statu quo *no son francas y fracasan.»* En cuanto al ambiente, Radin dijo que puede afectar incluso a los actores. El tiempo climatológico, lo que el operador comió, cómo él o ella se sentían, la presión barométrica y la temperatura, todos estos elementos conspiran para variar nuestras habilidades cognoscitivas.

Aunque la idea de sentarse en un laboratorio para mirar líneas generadas al azar en una pantalla de computadora no parece entusiasmar a todos, los resultados de los experimentos de PQ permiten a los investigadores extraer algunas conclusiones interesantes. Por eso, aunque los resultados de los efectos no pueden aportar nada útil a los dueños de los casinos ni preocuparles, podría ser de alguna utilidad desde el punto de vista de la ingeniería.

Si la mente humana puede afectar al comportamiento de una maquinaria delicada, podrían afectar igualmente a las estaciones de policía o a los sistemas de navegación aérea.

Afortunadamente, la mayoría de las máquinas se diseñan para evitar errores y poseen suficiente capacidad para corregir errores voluntarios o casuales. Radin cree que si prestamos atención a los fenómenos de la PQ, en diez o quince años podríamos desarrollar máquinas que respondan al pensamiento. Una aplicación altruista podría ser el control del pensamiento de las personas discapacitadas, pues un adulto podría manejar la mano de un robot o su pierna artificial tal como un bebé entrena su cuerpo.

«En el futuro podría haber un transistor psíquico de algún tipo para unirse a una máquina —dijo Radin—. *El resultado no sólo se reforzaría mediante la acción de una computadora, sino también con el pensamiento.»* Radin también prevé máquinas que reconocerían al operador. Su laboratorio está usando algoritmos de computadora sofisticados para descubrir diferencias individuales en la PQ.

Los posibles usos de semejante tecnología parecen alcanzar dimensiones orwellianas: ¿Podríamos identificar nosotros quién está intentando influir en una máquina con sus pensamientos, o incluso lo que están pensando?

Durante la guerra fría, los laboratorios de investigación confiaron a menudo en los archivos gubernamentales. La CIA estaba interesada en ver lugares lejanos y otras habilidades del psiquismo. Los rusos, según informes recibidos, estaban interesados en el efecto de la mente en los sistemas biológicos, e incluso en la habilidad de influir en otros individuos.

En estos días, en el sector privado es donde mejores oportunidades existen para experimentar y consolidar los resultados. La industria aeroespacial trabajó con algunos experimentadores para pedirles que averigüen si la tensión y otras variantes psicológicas pudieran afectar los sistemas de navegación complejos. Hace poco, la multinacional Sony admitió públicamente que disponía de un laboratorio de PQ en Japón.

Según Dunne, el número de laboratorios que trabajan en PQ en los Estados Unidos está en declive. *«Es una línea polémica real de investigación, pero es difícil consolidar las pruebas o apoyar una universalidad. Y los contribuyentes son presionados por otros científicos que lo consideran a menudo como pseudociencia. Los críticos dicen que los investigadores manejan los resultados, y que el fenómeno entero está basado en uno o dos experimentos. El problema es que no sabemos la causa de los fenómenos, algo que hiere la credibilidad del trabajo empírico.»*

Dunne ve un lado positivo, sin embargo, y cree que la investigación de PQ podría llevar a los sistemas que mezclan el trabajo humano con las máquinas a ser más eficaces, aunque presentar la investigación al mundo llevará tiempo. *«Otros podrían empezar con juegos, como juegos de computadora o de oportunidad»*, dijo. *«Se divertirían un poco con ellos, y así conseguirían atraer la experiencia humana al reino de la credibilidad.»*

«Quizá si nosotros jugáramos con estos experimentos, creceríamos más cómodos y lo incorporaríamos en los trabajos mundiales. Extenderíamos nuestros experimentos a la ciencia y conseguiríamos nuestro objetivo, que no es otro que la gente trabaje para lograr mejores resultados. Ahora la mayoría de la gente son observadores pasivos en sus estudios y emplean la tecnología como un espejo para llegar al conocimientoto de sí mismo. La PQ afectaría a nuestra visión mundial y el armazón científico, así como nuestras vidas personales.»

TELEQUINESIS

Lo más importante sobre esta cuestión es que resulta posible. Telequinesis es una parte de la realidad física, así como la telepatía es de la mental, y ambas están relacionadas con cualquier otra actividad humana. Más importante aún es que **cualquier persona puede hacerlo** y eso significa que posiblemente se trata de unas habilidades aún no suficientemente desarrolladas por la Humanidad.

Hay un requisito previo para lograr éxito en este esfuerzo, y es que para tener la habilidad necesaria hay que relajarse completamente y enfocar la atención sin distraerse. En sí misma, la concentración es una de las actividades más fáciles que una persona puede realizar y simplemente se consigue estando consciente de una cosa determinada sin distracción, incluso aunque estemos viendo escenas excitantes de una película, por ejemplo. En la práctica real puede ser casi imposible mantener una adecuada concentración durante un tiempo indefinido debido a las preocupaciones subconscientes de la vida diaria. Si usted va a practicar las técnicas descritas en este libro, debería efectuar previamente cierta relajación. Después que haya logrado concentrarse en un asunto, un pensamiento, sin que los estímulos externos le distraigan, podrá estar seguro de disponer del enfoque necesario para las prácticas de la telepatía o telequinesis.

Magnetismo humano

Posiblemente la telequinesis sea una manipulación de un campo magnético humano aún no estudiado y que normalmente circula alrededor del cuerpo, pero que puede concentrarse en un área específica. Hay personas que, simplemente concentrándose en un supuesto campo magnético energético de los dedos de una mano, pueden empujar un objeto ligero que flote en un cuenco de agua.

Usando la analogía del magnetismo podemos entender y admitir el efecto que supone enfocar la atención. Hay que imaginar un magnetismo alrededor de la mano, el cual se activa cuando desplazamos la mano o la yema de los dedos hacia el objeto que deseamos mover. Esto no es algo que carezca de rigor científico, pues un campo similar rodea cada objeto en la Tierra. Cuando un campo magnético actúa recíprocamente con (contra) otro lo empujará o tirará al lado opuesto, pues dos polaridades magnéticas iguales se repelen. Los campos opuestos se atraen y los similares se rechazan, fenómeno que nos explica la razón por la cual la telequinesia comprobada solamente logra apartar o desplazar objetos, pero no atraerlos hacia nosotros.

Si estamos seguros de que existe en nosotros ese campo magnético y nos concentramos alrededor de la yema de los dedos, es muy probable que nuestro «campo magnético» mueva el objeto.

Recomendaciones

1. Usted tiene que tener cuidado de no mover la mano de arriba abajo, por lo menos al principio, porque el «viento» generado por el movimiento de la mano podría hacerle fracasar.

2. También debe tener cuidado en eliminar cualquier brisa caliente en el cuarto o el aire acondicionado, pues la mano podría bloquear la brisa de cuando en cuando y causar un movimiento imprevisto en el objeto.
3. Si apoya el codo en la mesa mientras está haciendo la prueba, asegúrese de que la mesa está sólidamente posicionada, pues si se mueve accidentalmente desplazará igualmente el influjo magnético.
4. Lo que haga no es obviamente tan importante como lo que piensa mientras realiza la telequinesis. Los fenómenos psíquicos pasan a un nivel no verbal del conocimiento y sus pensamientos conscientes le ayudarán a fijar la atención. Ellos no hacen el «trabajo» pero ayudan.
5. Mientras imagina las yemas de los dedos empujando hacia fuera «los campos magnéticos fuertes» debe pensar intensamente, visualizar el movimiento del objeto. Debe sentir el flujo magnético que sale de los dedos en dirección al objeto.
6. Si usted cree que no podrá hacerlo no lo logrará, por lo que sus pensamientos deben ser siempre de triunfo. Sus pensamientos dirigen su intento al subconsciente, y entonces es cuando su cuerpo energético hace exactamente lo que usted espera que haga. Esto es verdad en cualquier tipo de fenómeno psíquico, pues no es lo que nosotros pensamos, sino lo que esperamos.
7. Una vez que ha conseguido la certeza de que tiene habilidad para hacerlo, es más fácil esperar los resultados que desea, y ello requerirá menos esfuerzo para lograr esos resultados.

Hay otro ejercicio preliminar que puede hacer para ayudar a enfocar su atención al principio:

1. Una las manos palma con palma (como en oración), pero manténgalas ligeramente separadamente, casi juntas, para que pueda sentir solamente el calor emitido por cada mano. Es una sensación muy sutil, pero que puede sentir.
2. Imagine entonces que realmente posee ese campo magnético que emana de cada mano, tan intenso que las manos se repelen una a la otra.

Realmente creo que estos campos existen, y que el subconsciente es consciente de ellos. Concentrando su atención, posiblemente consiga poner a punto la facultad para movilizarlo a su gusto. No se trata de algo raro, pues ahora mismo su subconsciente percibe que usted está respirando y que se encuentra apoyado o sentado de un modo concreto. Los fenómenos psíquicos simplemente son un proceso subconsciente que todos experimentamos constantemente, pero que no tenemos que saber buscar, pues siempre están disponibles.

La telequinesis no es nada que se consiga fácilmente, pues resulta laborioso lograr mover los objetos, pero con un poco de práctica usted también podrá asombrar y entretener a sus amigos.

¿Cuál es la diferencia entre el movimiento y la telequinesis?

Cuando nos referimos a movimiento también nos referimos a las leyes físicas y las leyes de conservación de la energía. Cuando usted efectúa un movimiento de un objeto habitualmente lo asocia con un contacto físico, bien sea con su cuerpo u otro objeto. Este «contacto físico directo» es la llave para el movimiento y en el cual se basa la ley de la conservación y transformación de la energía.

Tirar una pelota con la mano es un acto en el cual hay energía cinética y gravitatoria, pero la diferencia con la telequinesis es que no hay contacto físico directo que nos aproxime a las leyes físicas. La gravedad es una fuerza que actúa a distancia, pero para la cual el cerebro no debe crear una fuerza o campo magnético. En nuestro cuerpo el cerebro debe efectuar una energía para que nuestra mano pueda mover un objeto, algo que se aproxima a la propia telequinesis.

Nuestros poderes mentales

Estos «poderes» son creados en los niveles más altos de conciencia y no pueden crearse simplemente «deseándolos» para pasar al nivel físico. La energía para mover o doblar un objeto es creada por los pensamientos de una persona originados por su mente subconsciente, y para ello sus niveles de energía deben ser muy altos. El deseo de mover o doblar un objeto existe a un cierto nivel en todos nosotros, pues ya sabemos que los científicos nos aseguran que apenas si empleamos el 10 por 100 de nuestro cerebro. Nadie sabe cómo han logrado medir este potencial cerebral, pero esa cifra sigue presente en todos los libros de medicina sin que sepamos quién y cómo llegó a esa conclusión. Tampoco nos dicen si midieron el potencial de un niño, un adulto o un anciano, de un académico o de un labriego, de un chino o un norteamericano. Llegado a este punto, **lo mejor es no creer en esta estúpida**

cifra, pues si el ser humano ha conseguido situarse en el primer puesto de la evolución con apenas un 10 por 100, ¿qué cantidad emplean los animales?

El hombre primitivo posiblemente usó la telequinesis instintivamente como una forma de supervivencia, aunque ahora nosotros no recordamos cómo acceder a esa parte de nuestro cerebro. Las máquinas que hemos creado nos han liberado de un gran trabajo y aprendizaje, pero también nos han atrofiado otras facultades. Ya sabemos que hemos perdido habilidades con los pies, especialmente con los dedos; que carecemos del abundante pelo que nos protegía de las inclemencias climáticas, que nuestra elasticidad es ínfima comparada con la de los primates y que nuestra vista pierde agudeza en cada nueva generación.

Ahora hay maestros que pueden o quieren ayudarnos a desarrollar las habilidades mentales que permanecen ocultas o atrofiadas, pero todavía no existe una graduación en telequinesia para nadie.

Los adolescentes están más interesados en desarrollar la telequinesis y otras habilidades como la telepatía, pues saben que las usarán en su vida. En un nivel intuitivo desean cambiar su realidad pronto con estas habilidades, pues con ellas estarán más abiertos a los humanos. Muchos niños que han efectuado estas técnicas suelen conectarse con otros mundos y realidades, intentando traspasar fronteras inéditas para los adultos. La paciencia es el nombre del juego, pero los resultados en esta nueva frecuencia dimensional les hace que puedan emplear pronto sus nuevos poderes y poder controlarlos.

Pero si usted quiere sentarse ahora y mirar fijamente un objeto y hacerlo mover o doblar, probablemente será un fracaso. Del mismo modo que una persona que quiera mejorar sus músculos y habilidades deportivas necesita muchos meses de entrenamiento, si quiere llegar a sus niveles de conciencia más altos deberá trabajar duro. Tenga en cuenta que cualquier objeto está conectado con el universo y para influir en él necesita entender esta conexión. **Esto requiere primero una mente especializada, enfocada, y normalmente años de meditación**. Se necesita primero una mente relajada, para posteriormente elevar su nivel de energía. Indudablemente existen personas con dotes telepáticas naturales que no necesitan adiestramiento previo y que son capaces de mover objetos desde su nacimiento, pero, como toda excepción, supone una minoría.

Todos tenemos el potencial para poder ser telequinéticos y hay diferentes circunstancias que afectan a nuestra capacidad cerebral psicotrópica. Incluso la tensión emocional, la soledad y la angustia, así como el uso de ciertas drogas, pueden causar un aumento de nuestras cualidades psicoquinéticas.

El cerebro es el hardware que es utilizado por la mente. Es capaz de generar una red nerviosa que cuando «empuja» se abre paso real mediante una energía lista para ser utilizada más allá de nuestros cinco sentidos. Las neuronas se comunican entre sí, aunque hay toda clase de niveles de bajo diálogo, subatómico y atómico, que siguen funcionando todo el tiempo.

Un experimento

Hay una comunicación que sigue incluso a escala celular, como se demostró en un documental sobre comunicación celular, en el cual vimos a un científico que raspaba algunas células de la parte central de la boca de algunos participantes y las ponía en un plato. Se conectaron estas células a un detector de mentiras y se pidió a los voluntarios que dijeran mentiras sobre sus vidas.

Cuando los participantes presentaron sus falsedades bajo estímulos diferentes, naturalmente sus cuerpos reaccionaban acusándolo, pero lo asombroso es que sus células hicieron lo mismo. Para llevar más allá su experimento, los participantes tuvieron que alejarse del lugar del laboratorio donde estaba el detector de mentiras y se aislaron en un cuarto totalmente cerrado e insonorizado. Para asombro de todos, las células siguieron mostrando la misma actividad cuando las mentiras salieron de sus bocas. Finalmente, los participantes se marcharon fuera del edificio, hasta la calle, y ahora efectuaron conversaciones y afectos con otras personas. Justo en ese momento las células volvieron a registrar una intensa actividad.

La energía telequinésica es natural

Estas habilidades son muy naturales. No se trata de personas anormales, de monstruos de la naturaleza o manifestaciones mutantes y antinaturales del desarrollo humano. Lo único que se ha podido aclarar es que hay zonas en el cerebro de esas personas que tienen mayor o mejor actividad que en la mayoría, del mismo modo que un artista desarrolla más una parte de su cerebro que un matemático. Algunas investigaciones muestran que hay mucha actividad en la corteza del cerebro en relación con esto y la mayoría de eso que definimos como fenómeno psíquico o acontecimiento místico ocurre en lugares al margen de la conciencia.

¿Y qué es la conciencia?

Entendemos por ello la propiedad del espíritu humano de reconocerse en sus atributos esenciales, del conocimiento interior del bien y del mal, del conocimiento exacto y reflexivo de las cosas. También, el conjunto que contribuye a darnos la imagen de nuestra personalidad, a aquella parte de la realidad que logramos percibir e interpretar de acuerdo con nuestra capacidad y la situación en que nos encontramos.

Algunas recomendaciones

Antes de que usted intente doblar cucharas o efectuar desplazamientos de objetos de poco peso, debe seguir estas indicaciones para obtener algún resultado positivo:

1. Debe apartar sus emociones y tensiones que le pueden impedir el proceso, aunque algunas personas logran mejores resultados precisamente en momentos de intenso estrés. En estos momentos aparecen rasgos sobrehumanos y somos capaces no solamente de mejorar nuestras facultades mentales, sino igualmente las físicas. No sabemos si esto se logra por un aumento de la adrenalina liberada o por un fenómeno de la dinámica cuántica, pero ciertamente el hecho se produce. En ciertos momentos todos podemos soltar nuestra habilidad natural de forma que desafíe a la ciencia. En esos momentos no se piensa, se hace, pues no debe existir ningún pensamiento o juicio preconcebido.
2. Normalmente, sin embargo, si no hay un peligro real o necesidad, las emociones humanas inhiben

el camino que el cerebro exige para potenciar la red nerviosa que se necesita para crear esta atmósfera. Las emociones más negativas, como la culpa, el temor, la desconfianza, las actitudes racionales y la sospecha, son suficientes para inhibir ese flujo natural que se requiere. Uno debe creer que es posible. **¿Cómo podemos esperar que se manifieste algo si no podemos creer que es posible?**

3. No se obsesione con los experimentos y relájese. Disfrute y cultive otra habilidad. No es una prueba ni se trata de aumentar su valor humano; hay ya demasiadas filosofías espirituales basadas en premios. El conocimiento espiritual y la evolución no son «premios» que usted gana. Abrirse a los niveles más altos del conocimiento espiritual es un proceso de crecimiento de la conciencia y la telequinesis es una habilidad para que se manifieste.
4. No lleve ideas preconcebidas acerca del resultado. Experiméntelo con naturalidad y no realice anotaciones. No existe una pauta segura sobre lo que tiene que hacer en cada momento, aunque hay ciertas cosas que impiden la energía. Si mantiene su mente ocupada en otras cuestiones la atmósfera correcta o la senda no pueden presentarse.
5. No se frustre ni enfade con usted mismo. De nuevo, relájese, diviértase con esto.
6. No esté cohibido, no tenga miedo. Tampoco se sienta idiota por intentar cosas sobrehumanas, ni torpe si fracasa. Si no puede hacerlo en seguida no crea que no tiene facultades. La posibilidad de doblar cucharas o mover objetos está al al-

cance de casi todos, pero requiere tiempo y experiencia.

Qué puede hacer

1. Lo que hacemos debe ser lo que deseamos. Debe creer que puede pasar y sepa que todas las personas que han tenido éxito doblando un tenedor o cuchara, tenían una actitud positiva sobre eso. No estaban seguros de que ellos podrían hacerlo, pero sabían que era posible. Ése es el marco apropiado para su mente. ¡Debe creer que podrá hacerlo!
2. Concentre su atención. Hay personas que dicen que están concentrándose, pero de hecho sus mentes se esparcen y realmente no están en absoluto allí. Aprenda a hacer sólo una cosa en un momento, algo difícil en las normas establecidas de nuestra sociedad, en donde las personas más hábiles son aquellas que logran realizar simultáneamente cincuenta cosas. No se trata de cuánto puede hacer sino de lo bien que lo puede hacer. No es la cantidad sino la calidad. Es un hecho que el cerebro realmente sólo puede procesar correctamente una cosa en cada momento. Trabaje con este proceso natural de su cerebro en donde hay un diálogo interno que puede distraerlo y esparcir la energía. Hay muchas técnicas que le enseñarán la disciplina que se requiere para calmar la mente y para ayudarlo a que realmente aprenda qué es la concentración. Le recomiendo meditación, Qigong, Yoga, Tai Chi o cualquiera otra de las artes contemplativas como una forma viable para reforzar la autodisciplina y el conocimiento.

3. El arte de la quietud. Practique lo que significa estar inmóvil; lo que supone no pensar en algo concreto. Pruébelo. Todas las personas con habilidades telepáticas han adquirido esta habilidad. Ésta es la razón por la cual ellos pueden hacer las manifestaciones «místicas» que vemos. Abrir una cerradura con un movimiento simple de una mano, o caminar sin que se oiga sonido alguno. Estas personas saben cómo evitar causar ondas en la energía universal y enfocar su mente en una sola cosa en un momento dado. Posiblemente le llevará mucho tiempo lograr apaciguar su mente, pero será necesario para tener su energía disponible. Ésta es una disciplina que enseña paciencia, aceptación y ser incondicional. Es una habilidad que reforzará cada aspecto de su vida, inclusive las técnicas de curación.
4. Aprenda a eliminar pensamientos. En cuanto piense en algo, si es un viejo prejuicio, una vieja emoción, deje que se vaya. Debe solucionar rápidamente en su vida los conflictos, pero para ello debe darse cuenta de ellos con claridad. Aprendiendo a expulsar sus problemas también aprendemos a permitir que nada llegue a nosotros preconcebido. Si está intentando controlar los conceptos adquiridos o comienza a trabajar según unos esquemas populares, cerrará su mente a las nuevas experiencias y conocimientos.
5. ¿Recuerda que la ley es una? Cuando piensa en algo sus pensamientos tardan veinte segundos en ordenarse y eso origina una cantidad igual de pura energía de la misma resonancia y calidad. Cada veinte segundos de concentración se multiplica la energía. ¿Puede imaginar lo que simplemente

podría manifestar en dos minutos de puro pensamiento? Esta ecuación trabaja igualmente para ambos tipos de pensamientos, sean positivos o negativos en origen. Esté atento a lo que piensa o sobre lo que piensa. Cada acción que hizo fue precedida por un pensamiento. ¿Cuál fue la calidad del suyo? Aquellos que logren dominar estas técnicas de concentración mental conseguirán abrirse a todas sus habilidades.

DOBLAR TENEDORES

Instrucciones

1. Encuentre el utensilio adecuado.
2. Sostenga el tenedor con una o ambas manos, pero siéntase cómodo.
3. Esté en silencio, respire cómodamente, relájese.
4. Deje la mente vacía de toda conversación y pensamiento. Recuerde que debe enfocar su mente allí.
5. Con los ojos cerrados, despacio restriegue con las puntas de los dedos encima de la superficie del objeto.
6. Sienta, no piense en ello, lo que percibe al rozar la superficie. Entre en el flujo energético de cada molécula, átomos y energía.
7. Esto le puede suponer un esfuerzo. Ahora empezará realmente a «sentir» la energía.
8. En ese mismo momento, cuando lo sienta, usted y el objeto habrán mezclado su energía y comenzará a curvar el objeto. Si todo está correctamente hecho, se doblará.
9. ¡Recuerde que NUNCA debe aplicar fuerza! No debe realizar ninguna fuerza física para curvarlo.

EJERCICIOS PARA AYUDARLE A DESARROLLAR SUS HABILIDADES

Ejercicio del compás

El ejercicio del compás es algo que se puede practicar siempre. Es una de las «herramientas» más fáciles que se conocen y accesible para cualquiera, y relativamente barata. ¿Por qué un compás? Porque la aguja de un compás tradicional ofrece la menor cantidad de fricción y resistencia en la superficie.

1. Ponga el compás firmemente en una superficie estable. No importa en qué dirección esté apuntando la aguja. Realice un giro con el compás en el sentido de las agujas del reloj, suavemente. Efectúe unos diez signos y otros diez en el interior, así hasta que cubra con círculos toda la superficie del primer círculo. Simplemente recuerde que tiene que hacerlos en el sentido de las agujas del reloj.
2. Este método es el método de la mano. Ponga una o ambas manos aproximadamente a una o dos pulgadas sobre el compás. Cierre los ojos, aunque ahora necesitará un ayudante para mirar la aguja por usted.
3. Ahora relájese sosteniendo la mano sobre el compás y pensando en una resolución inteligente de lo que quiere hacer y permita que la red nerviosa en su cerebro haga lo que sabe hacer. Esté atento a todo lo que suceda allí y sólo piense en eso. Ni siquiera suponga lo que puede estar realizando la parte cognoscitiva de su cerebro. Puede sentir o no la energía surgida a través de los brazos y los dedos, aunque algunas personas pueden notar que se les erizan los

pelos por la electricidad estática generada. Éste es un ejercicio simple, fácil y rápido, cuya meta es conseguir que el compás se mueva.

Ejercicio del corcho y del agua

1. He aquí otro ejercicio fácil para mejorar sus habilidades de psicoquinesia. Este método es muy simple de realizar, pues ahora vamos a trabajar con agua, un elemento que ofrece poca fricción en la superficie y menos resistencia. Si ya dispone de algún tipo de habilidad telequinética, entonces éste es probablemente uno de los ejercicios más fáciles.
2. Básicamente, todo lo que necesita es un cuenco de agua, un corcho y un sujetapapeles (clip) pequeño. Pegue con cualquier cola el sujetapapeles en la parte superior del corcho, y si prefiere puede agregar un poco de peso para que el corcho no flote demasiado. El otro método es hacer una ranura en el corcho y poner allí el sujetapapeles. De cualquier manera, los dos modos son adecuados.
3. De nuevo, como en el método del compás, ponga las manos aproximadamente a una o dos pulgadas sobre el corcho. Elimine cualquier idea preconcebida acerca de lo que va a pasar ahora. Simplemente permita fluir la energía. Sienta correr a través de los brazos y fuera de ellos la energía hasta la punta de los dedos. En una sesión correcta notará que el corcho navega por el cuenco.
4. Intente recordar que esto está pasando en diferentes fases de su conciencia, aunque deberá dejar su mente en vacío, sin que ello quiera decir inconsciente o desmayado. Lo que debe apartar de su pensamiento es la realidad, pues eso bloqueará el

proceso. Solamente debe visualizar el corcho moviéndose en el agua.

¿Por qué fracasan frecuentemente estos experimentos?

Recuerde que hay leyes que gobiernan estos principios. Nosotros no podemos entender o igualar lo que otras personas hacen con facilidad, pero aun así debemos admitir que para otras personas la telequinesia es posible.

Una de las razones por la cual es tan difícil conseguir que las cosas se muevan, tiene que ver con la fricción, la resistencia, etc. Bien, considere esto. Usted está intentando conseguir que un plato o cacerola resbale por una mesa. Haga un repaso de sus conocimientos de física y piense cuánta energía se necesita para realizar la prueba.

¡Mucha!, ciertamente, al menos mucha más que para doblar una cuchara o tenedor. ¿Por qué? Porque usted está tratando con cosas que deberán recorrer distancias horizontales entre una superficie de contacto que ofrece cierta resistencia. Esto se denomina fricción, ¿recuerda? Realmente es más fácil la levitación (elevación) pues no hay roce. Recuerde que si quiere empezar primero con cosas más fáciles, deberá repasar antes las lecciones de física y mecánica. No se trata solamente de habilidades, sino de colaborar con la naturaleza.

El equipo de medida

Elementos de un experimento típico de micro-PQ.

Actualmente, la mayoría de los experimentos usan una computadora personal para almacenar datos sobre el sistema designado y desplegar alguna forma de mejora y visualización (normalmente un gráfico) para el participante.

Otros usan dispositivos electrónicos adecuados para este propósito, como el famoso Schmidt o círculo de luces consistente en un anillo de bombillas que se encienden alternativamente mediante el azar.

El sistema designado

Normalmente, el sistema designado es una micro-psicoquinesis (lo opuesto a la macro-psicoquinesis a menudo referida como casos de poltergeist). El experimento consiste en una secuencia de azar, un sistema físico, normalmente denominado generador de eventos de azar (RNG/REG), pues se piensa que tales sistemas son completamente imprevisibles. Los ejemplos incluyen un dispositivo que genera ruidos electrónicos o un contador geiger que descubre la radiactividad. Como con cualquier PQ, deberá efectuar la prueba en un laboratorio pequeño, pues las estadísticas demuestran que se logran mejores resultados.

El papel del ambiente

Se ha pensado durante mucho tiempo sobre si las habilidades psíquicas estaban de alguna manera unidas al ambiente, como si fuera un trabajo de magia efectuado mejor en ciertos sitios, o con fases lunares diferentes y por la noche en lugar del día. También hablan sobre atmósferas buenas y malas, vibraciones especiales, energías positivas, manchas frías o brisas misteriosas, aunque hasta hace poco el papel del ambiente no había sido considerado en parapsicología.

Un aspecto del ambiente a tener en cuenta es el campo geomagnético (GMF), que ha sido recientemente el enfoque de varios estudios mundiales (incluidos algunos realizados en Edimburgo), pues parece tener una posible relación entre la actividad del campo y el psiquismo. Aunque la relación real permanece incierta, y no puede ser un eslabón causal directo, los estudios han demostrado que existe una percepción extrasensorial de forma consistente (ESP), que parece ser más eficaz cuando el GMF está relativamente sin actividad.

Algunos investigadores están considerando otras variables medioambientales, desde la concentración de iones en el aire a la fase lunar actual, aunque uno de los problemas de estos estudios es que miran el tema sin tener una idea clara acerca de la relación que puede haber entre la psiquis y el ambiente.

En términos generales, las posibilidades son:

1. Que la parte física de algún modo actúa recíprocamente con el mecanismo psíquico subyacente.
2. Que el ambiente tiene poco efecto directo en la psicología humana.
3. Que cuando las situaciones de vida reales son sencillas, las tres posibilidades pueden ocurrir simultáneamente.

El papel del participante

Los participantes en experimentos de psicoquinesis tienden a ser personas que se han prestado amablemente para ofrecer ayuda con el experimento. La mayoría no tienen ninguna habilidad psíquica asombrosa o experiencias, ni necesariamente sienten pasión por algún sistema o creencia particular, aunque suelen mantener un escepticismo activo sobre las posibilidades de la mente. Como ocurre en otras muchas investigaciones de universidad, hay una proporción alta de voluntarios entre los estudiantes, aunque suelen existir también voluntarios de todas las edades.

Habitualmente, se pedirá a los participantes que analicen de alguna forma lo que representa la actividad del sistema designado. Dependiendo del formato del experimento, se les puede pedir detalles sobre el propio sistema, o pedirles simplemente que intenten dejarse llevar por los experimentadores, aunque los mayores éxitos se logran con quienes manifiestan entusiasmo.

El éxito, no obstante, parece independiente de la complejidad de la tarea. Es decir, aunque el sistema designado puede ser sumamente complejo, las cualidades de los participantes son la parte más esencial para lograr buenos resultados. La estrategia, la motivación y el esfuerzo de los participantes también son esenciales para el éxito.

Para mejorar el proceso se les puede pedir que efectúen algunos ejercicios de relajación y que se imaginen los resultados previstos, evitando adoptar actitudes pasivas. Hay que motivarlos intensamente y explicarles los posibles progresos.

Revisión de la investigación

Los ciento cincuenta años de historia de investigación en la percepción extrasensorial (ESP) han estado plagados por lo que podríamos denominar como una inconsistencia consistente. Como señala el psicólogo Ray Imán, de la Universidad de Oregón, la literatura publicada sobre este asunto no es muy abundante. Hay algunos textos que informan de efectos excitantes que usan un nuevo paradigma experimental, pero que no cuentan con el respaldo de varios investigadores. Cada ronda de fracasos engendra un período breve de desilusión y desencanto que ponen a los experimentos en entredicho, hasta que aparece un nuevo y mejor paradigma.

Posteriormente, se describen hallazgos positivos que usan otro nuevo paradigma, seguido por otra ronda de fracasos, y así sucesivamente. Es más, en contraste con el argot de eso que se denomina como Lakatos «progresivo» en los programas de investigación científicos, el léxico de la parapsicología está repleto de términos que describen la ausencia de efectos. El efecto denota cierta timidez en los resultados y se refiere frecuentemente al **fracaso para obtener hallazgos positivos cuando los investigadores escépticos están presentes**. Este «efecto de declive» se refiere a la desaparición o la marcada disminución de efectos de ESP dentro de una sesión que sigue la carrera inicial de resultados positivos y efectos psíquicos extraños. Estos términos subrayan la ausencia de un rasgo crucial que suponga un sello característico en las pruebas de laboratorio maduras, o que al menos aporten una «receta experimental» transportable para que se puedan medir los resultados en los laboratorios independientes.

Este estado pesimista parecía cambiar, sin embargo, en 1994, cuando el psicólogo Cornell, junto con Charles Honorton de la Universidad de Parapsicología de Edimburgo, publicaron un artículo notable en el *Boletín Psicológico,* uno de los dos periódicos más prestigiosos de psicología. Bem y Honorton informaron en una serie de once estudios que usaron el «Ganzfeld» (una palabra alemana que significa «campo entero») como paradigma, un método que se originó en los años 30. La temática de estos experimentos nos sumerge en un campo uniforme: se le cubren los ojos a un individuo con una pelota de pimpóm, se dirige un reflector rojo hacia los ojos y se bombean ruidos suaves en sus orejas a través de unos auriculares. Otro individuo (el «remitente»), situado en un cuarto acústicamente aislado, intenta transmitir un estímulo visual específico al perceptor, el cual debe informar toda la imaginería mental que le viene a la mente. Finalmente, el perceptor se presenta con un juego de varios (típicamente cuatro) estímulos visuales que deberían corresponder a los estímulos vistos por el remitente.

La lógica de la técnica del Ganzfeld confía en el concepto de la proporción existente entre signo y ruido. La información mental ostensiblemente descubierta por el perceptor suele ser de una intensidad muy débil y que aparece mezclada con un número grande de estímulos extraños. Poniendo el perceptor en un campo sensitivo uniforme, la técnica del Ganzfeld permite disminuir la proporción de ruidos ajenos y lograr aislar los efectos de ESP normalmente débiles.

Con la ayuda de un análisis estadístico que permitió a los investigadores agrupar resultados cuantitativamente de varios estudios, Bem y Honorton hallaron lo que parecía ser una fuerte evidencia de ESP. Los asuntos finales obtuvieron un resultado global de aciertos en una proporción de aproximadamente el 35 por 100, donde la casualidad sería sólo del 25 por 100. Es más, Bem y Honorton informaron que algunos de los perceptores tenían cualidades psicológicas que mejoraban la actuación del Ganzfeld, pues eran:

1. Artísticamente creativos (música, drama, y estudiantes de baile reclutados en la Escuela de Julliard).
2. Extravertidos.
3. Habían tenido antes experiencias similares de ESP, aunque no necesariamente en Ganzfeld.
4. Habían estudiado una disciplina mental previamente, como la meditación.
5. Poseían una alta valoración en los índices de equilibrio emocional.

6. Además, las condiciones experimentales que usaban estímulos visuales dinámicos rindieron mejores resultados cuando se usaron estímulos visuales estáticos.

Los hallazgos de Bem y Honorton, que se difundieron ampliamente en la prensa popular y académica, han revuelto las esperanzas en la comunidad de parapsicología que busca la verdad y algún método que reproduzca los efectos de ESP. Es más, estos hallazgos han sido citados en varios libros populares, incluso en *El Universo Consciente*, de Dean Radin, y en *El Viaje Cósmico*, de Courtney, como algo prometedor, si no conclusivo, que apoya la existencia de ESP.

Aunque algunos críticos, como Ray Hyman, encontraron anomalías estadísticas en los datos de Bem y Honorton, esencialmente en la posible existencia de artefactos experimentales sutiles pero perjudiciales, los análisis fueron considerados por muchos como la evidencia al nivel de laboratorio de la existencia de ESP.

Más datos posteriores

Así es esencialmente como estaban las cosas hasta hace unos años, pero posteriormente Julie Milton, de la Universidad de Edimburgo, y Richard Wiseman, de la Universidad de Hertfordshire, publicaron un análisis puesto al día sobre treinta recientes estudios de Ganzfeld no efectuados por Bem y Honorton. Los hallazgos de Milton y Wiseman, que se publicaron recientemente bajo el título de *¿Existe la psicoquinesis?*, criticaban la falta de repetición en los experimentos y ciertos procesos anómalos en la información. También efectuaban un contraste riguroso sobre las pruebas y numerosas preguntas serias acerca de la reproducción de los hallazgos de Ganzfeld. Específicamente, Milton y Wiseman informaron sobre un mal resultado en algunos estudios que corresponden esencialmente a la casualidad y no a la actuación de la mente.

Es más, Milton y Wiseman no consiguieron reproducir los hallazgos de Bem y Honorton empleando sus mismos métodos, aunque también alegan no disponer de una información suficiente. En contraste, encontraron que **cuando los participantes habían trabajado anteriormente en una disciplina mental los experimentos de Ganzfeld mejoraban**. Paradójicamente, sin embargo, un nuevo examen de los análisis de Bem y Honorton reveló que estos sujetos dotados de una mejor disciplina mental no conseguían efectuar pruebas constantes con éxito.

Aparentemente los hallazgos de PQ han demostrado ser desconcertadamente difíciles de reproducir, y la literatura de ESP experimental sigue siendo consistentemente incoherente.

Los parapsicólogos ya han empezado a plantear preguntas con respecto a los hallazgos de Milton y Wiseman y sus conclusiones. Por ejemplo, algunos han criticado que ambos efectuaron pruebas poco heterogéneas, y han señalado que varios estudios suministrados a su banco de datos eran de hecho estadísticamente significativos. No obstante, Milton y Wiseman informaron que una prueba estadística homogénea dirigida en pruebas y sujetos diferentes no era posible, especialmente porque se estaban valorando las facultades mentales de unas personas y no las físicas.

Parece probable que los análisis de Milton y Wiseman supongan la palabra final en la técnica de Ganzfeld, y la pregunta es si esta técnica demostrará ser el paradigma reproducible largamente buscado por los parapsicólogos o meramente unas pruebas en ningún modo concluyentes.

Es evidente, sin embargo, que la pelota regresa ahora a los parapsicólogos que necesitarán convencer a los escépticos de que hay que seguir investigando en la técnica de Ganzfeld.

TELEPATÍA

Del cerebro humano podemos medir y evaluar solamente los impulsos nerviosos de sus neuronas, datos totalmente insuficientes cuando queremos saber lo que ocurre cuando sentimos emociones o dolor, y tenemos miedo. Por fuerza debe existir algo más complejo dentro de esa computadora cerebral que todos poseemos y que es la responsable de multitud de facetas del ser humano, entre ellas los presentimientos y la creencia de que no estamos solos en el universo.

No debemos considerar que es imposible transmitir mensajes vía telepática, mucho menos en una época en la cual viajan por el espacio toda clase de señales, visuales, eléctricas, acústicas, etc., aunque todas ellas pecan de la necesidad de que exista una conexión directa entre el emisor y el receptor. Más aún: las señales emitidas pueden ser enviadas sin necesidad de que el receptor esté predispuesto o atento a recibirlas. **El único problema a ese respecto es que la telepatía aún no sabemos emplearla con eficacia y a voluntad**.

TELEPATÍA CON O ENTRE ANIMALES

Las personas especializadas en comunicarse con los animales creen que la comunicación telepática es posible con un animal doméstico; incluso afirman que puede hacerlo cualquiera.

«Yo me rompí el tobillo en cinco lugares —escribe un autor anónimo a una revista especializada en telepatía—, *estaba en cama con un gran dolor cuando oí lo siguiente: "Reconozco que venimos de razas diferentes, y quizá cree que no puedo ayudarlo, pero si me acaricia, me llevaré su dolor." Yo oí estas palabras en mi cabeza tan claramente como cuando alguien me habla. Abrí mis ojos y me encontré a mi gata "Kisa" en mi almohada mirándome fijamente. Supe que era ella. La acaricié y mi dolor desapareció. Por primera vez desde el accidente dormí cómodamente.»*

El autor escribió posteriormente un libro relacionado con la comunicación con los animales y un número creciente de lectores se pusieron en contacto con él para comunicarle que ellos también tienen la habilidad psíquica de comunicarse telepáticamente con varios animales.

«Podemos comunicarnos con animales —insiste el autor—, *y puede hacerse a través del pensamiento. Los animales nos comunican sus visiones, sentimientos, emociones y conceptos. A veces conseguimos interpretar perfectamente lo que nos están contando, pero muchas veces es una emoción o concepto lo que escogen.»*

¿Qué es la telepatía con animales?

«Un animal no abre su boca para decir palabras que están en su mente —dijo un experto telepático—, *sino que* ***los animales se comunican mentalmente****, nunca verbalmente. Muchas veces recibo información sobre sus sentimientos en mi cuerpo; o veo imágenes y símbolos que el animal me proporciona a través de la telepatía.»*

La telepatía entre las personas y los animales no es muy diferente a la telepatía entre dos personas, según un experto:

«El diccionario define telepatía como la comunicación de impresiones de cualquier tipo de una mente a otra, independiente de los cauces reconocidos.» «Mi experiencia con esa telepatía es que puede ser el idioma universal del reino animal. Creo que ***los humanos nacen con la habilidad telepática, pero tienden a suprimirla u olvidarse de ella cuando aprenden el idioma hablado****. La comunicación telepática asume que los animales son seres sensibles, con propósitos propios, deseos, opciones, y manera de mirar el mundo.»*

«Ellos son sensibles y conscientes en todos los sentidos, y por eso suelen tener deseos muy definidos y propósitos.»

Pero ¿pueden comunicar ellos esos deseos y opciones? Ciertamente, un perro puede comunicar que quiere ir afuera estando de pie junto a la puerta y rascándola o ladrando. Se han hecho descubrimientos increíbles sobre las mentes y las habilidades comunicativas de algunos primates más evolucionados, especialmente con un gorila llamado «Koko», que aprendió el idioma básico americano y ahora tiene un vocabulario de más de seiscientas palabras. «Hablando» a sus cuidadores a través del idioma esencial y una computadora con un programa adecuado, «Koko» puede no sólo articular los deseos básicos sino que indica lo que quiere comer y cuándo, aunque también explica cómo «se siente» y su opinión sobre muchas cosas en su vida.

Hay un gran salto, sin embargo, hasta poder afirmar que los animales pueden comunicar sus necesidades de un modo sencillo y familiar, sea mediante las palabras telepáticas u otro sistema. La comunicación con los animales no sólo es posible, sino que pronto podrán hablar a voluntad con los humanos. Hay una historia sobre una perra pastor alemán llamada «Helga»:

«La dueña de "Helga", Joan, me dijo que la perra tenía una herida muy grave en la oreja izquierda y quería saber cómo se la había hecho. Cuando me puse en contacto con "Helga", la perra me mostró un hueso excavando el cerco de madera que rodea su propiedad. Intentó situar su cara bajo el cerco, pero se encontró con un trozo de alambre de púas mohoso y viejo. Después, Joan le pidió a "Helga" que le mostrara exactamente dónde estaba el alambre. La perra la llevó al lugar y allí estaba ciertamente el alambre envuelto alrededor de la base de la cerca.»

Los expertos en comunicación animal tienen muchas otras anécdotas, aunque su interés está en lograr que las personan manifiesten más interés en comunicarse con los animales que en sus propias experiencias. Para muchas personas sería un gran negocio, mientras que a otras les ayudaría a resolver problemas que están teniendo con sus animales domésticos. *«Este tipo de servicio es muy beneficioso para todos, pues podemos determinar las razones de la conducta de los animales domésticos.»*

Cómo se hace

«Yo descubrí que uno de los secretos para que las comunicaciones sean eficaces es estar equilibrado emocional y mentalmente.»

1. Hay que poner un poco de emoción en las comunicaciones.
2. Permita a su animal que se exprese, escuche su corazón, hable de sus sentimientos, y por supuesto intente ganarse su confianza.
3. Hay que visualizar lo que están tratando de decirnos y enviarles inmediatamente nuestras emociones y

sentimientos. Si usted piensa que su mensaje llega hasta él, seguramente es que lo ha conseguido.
4. Intente no anticiparse a los acontecimientos y deje que sea el animal quien dirija el proceso.
5. Póngase cómodo, relájese, y permita que los pensamientos del animal lleguen hasta usted.

Los pasos básicos de la comunicación animal telepática están creando un estado de quietud y apreciación que permiten mejorar cada día nuestra comunicación, tanto enviando mensajes como recibiendo las respuestas.

¿Cómo saber si la experiencia es genuina?

Las personas que llegan por primera vez a la comunicación animal suelen preguntar: ¿Cómo puedo estar seguro que la respuesta procede del animal? La respuesta es que se siente y se percibe sin problemas si realmente se ha efectuado. Si ha estado callado y relajado y no expresa sus propios pensamientos o emociones, la información que le llega será del animal. Porque vienen a usted a través de su mente, o sus emociones, o su percepción visual. Si recibe una respuesta inesperada sabrá entonces que no procede del animal.

Muchas personas no quieren seguir intentando las comunicaciones pues piensan que su imaginación está trabajando horas extraordinarias, pero si escucha intensamente y con su corazón, descubrirá pronto que su imaginación sabe lo que está haciendo, pero que las imágenes y palabras que surgen en su mente lo hacen por una razón. Si está seguro de que sus visiones son válidas, encontrará que sus animales domésticos, y de hecho toda la naturaleza, tienen una historia real para contarle.

Modelo conceptual de los fenómenos paranormales

En los últimos años hay una vuelta al interés por intentar entender y explicar los fenómenos paranormales, después de que los científicos fracasaran en darnos respuesta concreta a los presentimientos, telepatía, leer la mente, psicometría, psicoquinesis y curación psíquica.

Cuando revisamos la literatura y los experimentos que se hicieron para explicar lo paranormal (a veces llamado «psíquico»), vemos solamente esfuerzos para resolver el principal problema: mejorar la fiabilidad de los experimentos y entender los fenómenos. Los experimentos iniciales trataban de lograr que el sujeto proyectara su mente hacia alguien situado muy lejos del receptor, o que nos describiera una escena lejana, como si de una cámara de televisión se tratara. Los doctores Harold Puthoff y Russell Targ, del Instituto de Investigación de Stanford, describieron la clarividencia etiquetándola como un viaje mental fuera del cuerpo o un viaje astral, aunque este término no gustaba al asociarlo con el ocultismo.

VER LO REMOTO

El modelo conceptual descrito se desarrolló como resultado de experimentos dirigidos. La mayoría de las ideas incorporadas en este modelo no son nuevas, pues casi todas ellas se han presentado antes. El modelo simplemente las integra y proporciona una interconexión para otros muchos modelos formulados previamente. Después de que ha sido probado y refinado, este modelo podría ser un eslabón poderoso entre las ciencias duras y suaves.

Los conceptos subyacentes de este modelo son como sigue:

El cerebro humano es un transmisor y un receptor de información, pero su alcance no está limitado a un cuerpo humano. La información sobre los eventos en el espacio y tiempo permanecen alrededor nuestro, y la mente accede a esta información. El cerebro recibe datos de nuestros sentidos físicos, esta información es guardada y la procesa como lo haría un ordenador muy avanzado. El cerebro y la mente pueden poner a punto cualquier información en este sistema de almacenamiento y efectuar instrucciones específicas en el espacio y tiempo. En la medida en que la información sea más amplia, así serán de precisas las instrucciones y la calidad de las acciones.

Las observaciones experimentales se hicieron desde 1980, cuando el modelo fue desarrollado, y han sugerido que todos los fenómenos paranormales pudieran ser explicados usando el mismo concepto.

Cuando se presta atención cuidadosa al ambiente (por ejemplo, proporcionando un cuarto aislado completamente, oscurecido, sin cuadros en la pared, ningún olor raro y ningún ruido), cualquiera puede experimentar visiones remotas con la ayuda de un entrevistador hábil. Él hace preguntas que permiten al espectador remoto estar abierto a percibir la información de todos los sentidos (imaginación visual, sonidos, olores, sentimientos y sabores), lo que se denomina como percepción remota.

Los datos informados en el momento pueden ser exactos, pero relacionados con algún otro tiempo en la situación designada. Después, el análisis sugiere que los datos corresponden a un tiempo lejano o cercano relacionado con algún momento emocional concreto. Se cronometran los cambios que pueden ocurrir durante la emisión y recepción de los datos, razón por la cual este tipo de experimentos ha sido difícil de reproducir.

Imaginación y visualización

Una vez el espectador remoto está informando los datos de la situación designada, tiene, por así decirlo, movilidad completa alrededor del blanco (lugar y objeto). Puede ir sobre él para mirar hacia abajo y hacia arriba, y moverse alrededor. También puede atravesar libremente las paredes. En algunos momentos el espectador remoto percibe cosas de un tamaño diferente al real que él normalmente percibiría, pero esto es corregido fácilmente pidiéndole que las restituya a su tamaño normal, y entonces las cosas aparecerán del mismo tamaño como de costumbre. El entrevistador debe procurar que sea más específico sobre la situación del blanco, el tiempo y el tamaño que el espectador remoto asume al blanco. Cuanto más completa y precisa sea la información, mayor éxito tendrán los resultados, y mejor será la calidad de los datos.

El ambiente psicológico de un experimento de visión remota también es muy importante. El entrevistador debe estar a favor del espectador remoto y tener alguna relación con él. Una comprensión del programa y de la terminología habitual puede ser muy útil para que se pueda trabajar entre las partes involucradas. Frecuentemente, un mal entendimiento puede hacer creer a los experimentadores que las visiones remotas no funcionan para ellos. Si usted quiere buenos resultados, debe saber cómo funciona y concentrarse en conseguir buenos datos. Es una técnica que puede enseñarse y la actuación mejora con la práctica.

Formar calor

Basándose en las primeras experiencias, cuando la mente actúa recíprocamente con la materia, sabemos que el experimento también podría ser controlado mejor creando el ambiente apropiado, en este caso una cresta, una situación emocionalmente intensa. El individuo conecta su mente con el objeto afectado y le ordena entonces hacer lo que quiere.

En enero de 1981, se realizaron unas experiencias denominadas como «Fiestas de PQ», en las que cerca del 90 por 100 de las personas que asistieron a estas fiestas (aproximadamente 1.500 personas de todas las edades y tipos, a 60 fiestas) aprendieron a doblar metales usando PQ con un proceso llamado «formar calor». Este término sugiere que cuando se notan aumentos ligeros de temperatura en el metal es cuando está listo para doblarse. Aproximadamente la mitad de las personas que han aprendido a generar calor retienen la habilidad incluso fuera de la atmósfera de la fiesta. Estas fiestas de PQ se han reproducido más de cien veces por otros investigadores con resultados similares.

El proceso

El análisis metalúrgico del metal calentado ha mostrado que las características importantes de ese metal son que el calor produce una dislocación, similar a estructuras de cristal rotas a lo largo del metal que generan un aspecto granuloso.

1. Un factor importante es que el individuo debe ser consciente de que logrará generar calor en el metal y también debe hacer una conexión mental con el objeto a doblar y deliberadamente obligarlo a doblarse.
2. Después de un intervalo breve, el material se pone suave y existe calor interno a lo largo de los límites del grano.
3. Entonces un poco de fuerza logrará la curvatura. El metal con conductibilidad termal baja se queda suave (caliente) durante sólo cinco a quince segundos; así

que la tarea más difícil está en encontrar el momento correcto para agregar la fuerza extra.

Muchos utensilios quebradizos y físicamente indeformables, como objetos de plástico, han quedado torcidos en estas fiestas. La vajilla de acero que se ha calentado se ha roto entonces con un sonido de explosión fuerte. Algunos objetos que tenían tensiones internas grandes y un gran número de dislocaciones, se han doblado mientras se sostenían en una mano y no se tocaban con la otra.

Ver objetos remotos y calentar los objetos es algo que los investigadores refieren como «el efecto de la primera vez». Una persona puede conseguir resultados notables la primera vez que intenta una de estas actividades, pero falla la próxima vez que prueba hacerlo. Esto ocurre porque, después de doblar el objeto, analiza lo que ha hecho y, al no entenderlo, se asusta.

EL CEREBRO: MODELO CONCEPTUAL

El conceptualismo es un sistema filosófico que defiende la realidad de las nociones universales y abstractas, en cuanto conceptos de la mente, aunque no les conceda existencia positiva y separada fuera de ella. Es un medio entre el realismo y el nominalismo. Con este modelo conceptual el cerebro transmite información al receptor que se mantiene apartado de nosotros, mientras le efectúa una pregunta acerca de dónde está la información. La respuesta a esto no es conocida. Es interesante notar, sin embargo, que nuestros sentidos humanos perciben, por ejemplo, sólo una porción muy pequeña del espectro electromagnético y que no existe ningún aparato que nos permita almacenar datos directamente en el cerebro. Hay instrumentos que parecen responder al pensamiento humano o registro cuando ocurre un evento paranormal, pero se piensa que esto es debido a la PQ.

Se ha investigado mucho sobre la función del cerebro. La bioquímica, la mecánica cuántica y la holografía cerebral son elementos que han hecho grandes contribuciones a nuestra comprensión de cómo funciona.

El modelo del cerebro presentado aquí es simplista por comparación, pero será adecuado para ayudarnos a entender los fenómenos paranormales. Este modelo usa la analogía de una computadora digital para la mayoría de las funciones del cerebro: toma información de los sensores del cuerpo físico y del sistema de información y almacenamiento externos. Los procesa para producir lo que nosotros percibimos como datos de los sentidos, y esta información hace lo que nosotros llamamos pensamiento, análisis, comparación y reacción. El rendimiento entra entonces en el sistema de información y almacenamiento (por ejemplo, la memoria) y al sistema de información (por ejemplo, lenguaje, movimientos musculares, etc.).

El cerebro humano y su interacción con los sentidos

Como se declaró previamente, la mente parece ser capaz de alcanzar fuera del cuerpo físico y la información adquirida en todo el sensorio encauza las situaciones remotas fuera del cuerpo, hasta el otro lado de la tierra o en cualquier parte en el universo. Esto se representa por un juego de signos que designan los sensores externos y los sensores físicos. Los sensores externos parecen entrar en el cerebro y ser procesados por el sensorio físico correspondiente.

Las personas a veces experimentan ambas señales, una encima de la otra. Por ejemplo, lo que algunas personas ven como un «aura» puede ser el resultado de una cubierta de señales del ojo físico y el sensor visual externo. Es como si se sumaran los signos de cada tipo antes de ser procesados por la zona adecuada. Para la mayoría de las personas, las señales de los sensores del cuerpo son fuertes, comparadas con los sensores externos, cuando están despiertos. Durante el sueño, los signos de los sensores del cuerpo son relativamente débiles, y los signos externos pueden quedar al descubierto para ser procesados. Normalmente, las personas no realizan esfuerzos específicos de la mente antes y durante el sueño; así la mente puede estar accediendo al sistema de información y almacenamiento y combinar esa información con datos de memoria de su propia historia. Cuando una persona tiene una experiencia extracorpórea, percibe que está fuera de su cuerpo, con su mente astral como observador.

Mientras la información está procesándose en la corteza central, el cerebro también puede informar en forma de discurso o de movimientos musculares, como escribir o saltar, y estos resultados se archivan entonces en el sistema de información y almacenamiento.

Otro concepto importante asociado con este modelo es el «ruido de fondo» que se genera y que es proporcional (quizá exponencialmente proporcional) a la cantidad de información procesada que sigue dentro del cerebro.

La señal de los sensores del cuerpo puede reducirse notablemente poniendo a la persona en un cuarto oscuro sin cuadros en la pared, ningún olor raro y ningún ruido. La carga del proceso de las funciones del motor del cerebro también se reduce cuando la persona está sentada en un ambiente relajado. La carga de la corteza central puede reducirse entrenando a los individuos para minimizar esas actividades. Los sujetos se entrenan para borrar sus pensamientos y no analizar o comparar nada cuando están en un estado meditativo, reduciendo la carga del proceso de la corteza central. Como se señaló antes, el entrevistador y el espectador remoto deben trabajar como un equipo; el entrevistador puede tomar muchas de estas actividades corticales centrales y así puede relevar al espectador remoto de ellas.

Una sesión de visión remota

Al principio de una sesión de visión remota, el espectador remoto es llevado a un cuarto relativamente libre de estímulos, con una silla cómoda, una mesa, papel y bolígrafo, y un equipo magnetofónico, esto último en un lugar discreto. Cuando todos se relajan durante aproximadamente quince minutos después de entrar en el cuarto, el entrevistador hace la demanda específica que podría ser: «Por favor, describa cómo es esa persona. Deberá estar allí en ese momento, un lugar denominado Abu Simbel, situado en la orilla norteña del lago Nasser, en Egipto.»

En ese momento parece que la mente sale del sistema de información y almacenamiento, y los sentidos externos pueden entrar en el cerebro del espectador remoto. No es necesario que el espectador remoto entienda el significado de latitud y longitud. Cuando entran los datos externos, a menudo el ruido de fondo del cerebro aumenta rápidamente. Aunque la proporción de ruido empieza a subir, esto es lo que en psicología se conoce como «llamarada». Si el espectador remoto continúa analizando la información, ésta llegará a través de una «línea mundial» o memoria. Si el espectador remoto no consigue información, le piden simplemente que continúe relajándose y que no piense. En cualquier caso, después de aproximadamente un minuto, se puede efectuar otra demanda similar, aunque ahora se le pide información más lentamente.

Cada vez que esta demanda se repite parece que el signo de información externo se hace más fuerte y es más perceptible y entendible. Sólo después de que la información empiece a llegar claramente es cuando se puede empezar a recibir información visual. Una vez que la proporción entre la imagen y el ruido es aceptable, el espectador remoto puede moverse libremente alrededor y se puede establecer una serie de preguntas como si realmente estuvieran juntos. El entrevistador debe tener cuidado para no confundir al espectador remoto, y es mejor hacer preguntas que clarifiquen sobre lo que está informando. En ocasiones, es necesario hacer cuatro o cinco veces la misma pregunta inicial antes de continuar con el interrogatorio.

También es posible que el espectador remoto pueda pasarse demasiado tiempo para dibujar lo que está viendo, y su información desaparezca al aumentar la proporción de ruido. Hay que ayudarlo en la regeneración, infundiéndole confianza en el trabajo que está realizando. No obstante, no se recomienda que un espectador remoto haga más de un experimento al día.

Intensidad emocional

Normalmente uno piensa que las emociones sólo pertenecen a los seres humanos y quizá a los animales. Sin embargo, esa intensidad emocional se aplica a todas las cosas e incluye la materia inanimada. Imagine que en un punto en el espacio, o en la línea del tiempo, ha habido una experiencia emocional grande, como un tejado que se derrumbó y mató a mil personas. La mente del espectador remoto iría al punto especificado en el espacio y buscaría el momento de mayor intensidad emocional. Este proceso es como una radio sofisticada que busca la cresta de la intensidad señalada y centra la frecuencia.

Una vez que la frecuencia del radio-portador se selecciona, la información se oye de forma continuada. Estos datos pueden crear una imagen muy vívida que normalmente tiene una apariencia tridimensional que se parece a un holograma. Esto es análogo a lo que los meditadores hacen cuando apartan los pensamientos que entran en sus mentes.

Es probable que los resultados puedan ser mucho más precisos cuando se generan emociones intensas en los participantes. El doctor Charles T. Davis, de la Universidad de California, dirigió un experimento de telepatía similar en el cual actuó como organizador. Todas las instrucciones que efectuaba al receptor, situado en otro edificio, las hacía gritando. Una cámara de vídeo situada allí informaría si ciertamente estaba oyendo en su cerebro las instrucciones que le daban. El receptor llevó a cabo las instrucciones gritadas con precisión y esto ayudó a comprender que **creando una cresta emocional suficientemente alta los experimentos eran mucho mejores que con un estado tranquilo y en cierto modo apático**.

Todos los fenómenos paranormales parecen comportarse de esta manera. Por ejemplo, cuando el doctor William Tiller estaba en Stanford, realizó un experimento de PQ en el que un tubo fluorescente no se activó hasta diez minutos después de que el operador iniciara el intento de encenderlo, pero continuó emitiendo luz durante diez minutos después de que el operador dejó de concentrarse. Otros ejemplos vienen de las personas que hacen regresiones a vidas pasadas mediante hipnosis. Se ha comprobado que **la posibilidad de recordar eventos de otras vidas depende del hecho en sí, especialmente de la intensidad emocional**. Normalmente se recuerdan muy bien los hechos dramáticos, con muertes o catástrofes, aunque otros recuerdos pueden parecer solamente mundanos. Un buen hipnotizador llevará a la persona hasta un lugar en el tiempo en que pueda encontrar ese evento traumático.

Esto sugiere que hay errores en el sistema de búsqueda de la mente y la técnica; para reducir estos errores, es precido inducir a la mente a que viaje por el tiempo y el espacio en busca de adecuada información.

Relajación

Para relajarse antes de una sesión hay quien recomienda escuchar música barroca clásica para mejorar el funcionamiento telepático. Este tipo de música fue desarrollado por los búlgaros y ahora sabemos que la emplean con excelentes resultados durante el aprendizaje de la telepatía. Las pruebas han demostrado que este tipo de música hace entrar de modo natural a las personas en el estado alfa, la fase previa al sueño. La naturaleza rítmica de esta música permite un estado de relajación intenso en perfecto estado de vigilia y es mucho más eficaz que la sofrología o la relajación tradicional mediante ejercicios respiratorios. Parece ser que es relativamente fácil escuchar música barroca y realizar seguidamente telepatía.

Mecánica cuántica

Pueden usarse conceptos de la mecánica cuántica para explicar mejor el modelo propuesto. Esta parte de la física se refiere a lo perteneciente o relativo a los cuantos de energía. Esta teoría fue formulada por el físico alemán Max Planck y, según ella, la emisión y absorción de energía en los fenómenos periódicos no se efectúa de modo continuo, sino por saltos, en cada uno de los cuales se emite o absorbe una energía igual al producto de la frecuencia por la constante de Planck. Se usa para hacer predicciones estadísticas de lo que se observará, pues cuando una observación es hecha por cualquier tipo de instrumento, así como por los sentidos humanos, algo ha cambiado a algún nuevo estado.

La sugerencia es que todas las mentes participan en una realidad general y que todos los que observan el mismo plano ven el mismo plano. Por eso el cerebro del observador archiva esta información en el STU, donde también es guardado por cualquier otro observador. El STU guarda todos los archivos de cada evento y este registro es representado por la observación actual. Como previamente se dijo, cuando el individuo quiere acceder a una memoria, su mente investiga atrás a través de su línea hasta que llega a darse cuenta de esa información. Sus sensores externos adquieren esa información que él sabe que existe en el cerebro, como un holograma, con los datos que se procesan previamente para ser analizados.

Toda la información del sensorio de esa memoria puede alcanzarse. En el futuro, la mente accede de nuevo a estos acontecimientos, normalmente después de una llamada emocional. Cuando la mente entra en el futuro, observa temporalmente las circunstancias de un posible evento y estos datos se ven dentro del cerebro con la misma claridad que en la memoria porque, de nuevo, los sensores externos están adquiriendo la información como antes. Estos datos también se archivan en la memoria y pueden afectar sus acciones futuras. A menudo los acontecimientos futuros dependen de las acciones de muchas personas, pues cualquiera puede cambiar su mente porque el pensamiento es libre. Así, **los acontecimientos futuros están basados en las realidades actuales**.

Cuando finalmente llega el momento de un evento previamente predicho, éste suele ser bastante diferente a como se anticipó, aunque esencialmente conserva sus características básicas.

Mapa del espacio-tiempo

La doctora Elizabeth Rauscher, de la Universidad Richmond de California, tiene un modelo del espacio-tiempo de ocho dimensiones que usa geometría compleja y fue desarrollado para explicar las visiones lejanas.

Es común que un individuo durante el sueño tenga su mente puesta en un evento emocional grande, cercano, como una caída. Esto pasa porque los sensores externos están muy activos durante el sueño y recogen crestas emocionales grandes que se cambian de sitio en el espacio-tiempo. Sin embargo, el tiempo real y el tiempo ficticio no concuerdan nunca, pues **somos capaces de vivir en un par de minutos una vivencia de días si lo soñado ha sido intenso o dramático**.

En febrero de 1971, una persona conducía un antiguo automóvil en dirección a California y, justo a las 6:05, el automóvil empezó a agitarse como si los cuatro neumáticos hubieran estallado. Para el conductor el tiempo empezó a moverse muy despacio, y pudo ver cada detalle de cómo el automóvil se desviaba del camino. Cuando el automóvil se detuvo, comprendió que había ocurrido un gran terremoto. Esto indudablemente era un evento emocional intenso. Cuando se comprobó el tiempo real transcurrido, apenas cuarenta y cinco segundos, no tenía relación con todos los recuerdos del drama, tan numerosos que era imposible que se pudieran reproducir en tan poco tiempo.

Sistema de comunicación por televisión

Una analogía simple se muestra cuando analizamos la comunicación por televisión. La emisora de televisión quiere enviar una imagen y mostrarla a los espectadores. La información es reunida y sobrepuesta en radiación electromagnética y enviada desde la antena de la estación. En la casa del espectador, la antena en el tejado recoge un signo muy débil que llega hasta su televisor, el cual finalmente muestra la imagen. El poder real o la energía usada para lograr la meta de desplegar la imagen son proporcionados por la compañía emisora en forma de electricidad.

La energía real requerida por la persona que conecta su mente al objeto y le ordena que se doble es muy pequeña. En el caso del metal, las dislocaciones que proporciona el calor a lo largo de los granos del metal permiten que resbalen. A veces este calor es tan intenso que el metal se funde y ocasionalmente se convierte en gas. Ésta es la causa por la cual en ocasiones se fractura el metal, acompañado por un ruido fuerte. A veces un evento de PQ es acompañado por un aumento rápido de temperatura de 10 a 20 grados en el aire alrededor del objeto. La energía está sacándose al parecer del aire local y lo asombroso es que el operador de PQ no tiene que especificar de dónde viene la energía, pues el «sistema» proporciona ese detalle.

Telepatía con extraterrestres

«¡Qué fácil resulta encender un fuego y a la vez qué difícil mantener una llama encendida!»

Un grupo ha invitado a la prensa mundial para que sea testigo de avistamientos programados con anticipación. En uno de éstos, en 1989, la invitación se hizo con un mes de anticipación y al segundo día de espera en uno de los desiertos del Perú se presentaron cinco naves voladoras y algunos de los reporteros tuvieron la oportunidad de filmar y fotografiar el evento. Estas experiencias se originaron en el Perú en 1974 cuando unos jóvenes tuvieron una serie de increíbles contactos con seres de Morlen (el satélite de Júpiter, conocido como Ganimedes).

Cuarenta y nueve extraterrestres fueron asignados a trabajar en la «Misión Rama» bajo la coordinación de Oxalc, originario de Morlen. La palabra RAMA contiene una vibración activadora y fue escogida hace 4.200 años. RA representa el Sol o la irradiación y MA representa nuestra Madre Tierra. El mantra Rama significa «irradiar luz en la Tierra».

La Misión Rama es una de las muchas misiones secundarias de una jerarquía cósmica designada para ayudar a los planetas en transición como la Tierra (Merla), que está pronto a entrar en la cuarta dimensión de la existencia.

Comunicaciones recibidas de extraterrestres a través del mundo:

«Ningún suceso o misterio acontecerá en Merla porque el tiempo de eventos es preciso, lo escondido sale ya de su lugar; eviten contaminarse con pesimismo y falta de espiritualidad.

Recuerden: el lado oscuro conoce sus fallos y a veces, a través de intermediarios de la oscuridad, querrán detener vuestra labor.

Estos seres en lo más recóndito de la mirada podrán detectar al que miente, el que esconde o el que huye de la luz. A veces están dentro, pero a la vez se rebelan por miedo.

No dejen que los fracasos del pasado y estos seres los detengan en su caminar y recuerden que no están exentos o libres; al contrario, la acechanza es mayor.

¿Quién de vosotros que escucha o lee este mensaje está dispuesto a cargar con la responsabilidad de su misión

individual y colectiva? Sólo hay un llamado, y sólo lo escucha el que ya despertó.

Habrá muchas oportunidades de retirarse, pero sólo una de seguir avanzando.

Esta llamada es breve para el que realmente quiere ser un ser cósmico, sin ataduras, sin nombre, sin religión, sin estructura, sin lugar.

Sólo los que ya aprendieron a ver con amor, sabrán que este llamado es para ellos, aquellos que ya cargan su propia cruz con alegría, y ya no llorarán por debilidad o rebeldía.

¿Quién de éstos son ustedes?»

Los 9 de Andrómeda.

TRABAJOS DE TELEPATÍA

Tele en griego significa «lejos, fuera de» y *pathy* también deriva de una palabra que significa «sentir». Así, la telepatía quiere decir sentir algo a distancia, básicamente. El diccionario define telepatía como «la comunicación clara de una mente con otra» y, para ser más específicos, podemos definir «telepatía» como las comunicaciones mentales de pensamientos, sentimientos, e información entre dos o más personas.

El significado que implica la palabra «telepatía» es que nosotros radiamos, en mayor o menor grado, lo que pensamos mentalmente y sentimos. También implica que tenemos que darnos cuenta de nuestras capacidades, además de los cinco sentidos físicos del cuerpo, que nos permiten percibir los pensamientos mentales y sentimientos de otra persona, es decir, tenemos la percepción extrasensorial (ESP). El término ESP es una frase acuñada por el doctor Rin, conocido por la aplicación del análisis estadístico en la investigación psíquica.

Concediendo que la telepatía es un fenómeno genuino, llega una serie de preguntas de cómo realmente puede demostrarse, en otras palabras, cómo puede efectuarse, y una vez realizada por vez primera, experimentada, cómo puede mejorarse. Para eso necesitará algo así como un material de experimentación psíquica.

Las primeras experiencias

El equipo necesario contiene 25 tarjetas de temas diferentes en un juego de cinco tarjetas por grupo. Cada grupo de cinco tarjetas debe tener un color diferente y hay cuatro tipos diferentes de experimentos que puede hacer por lo menos. En la medida en que más experimente, más aprenderá sobre la telepatía y cómo funciona.

He aquí un guión sobre uno de los experimentos que puede hacer con este material básico para trabajar en grupo. En este experimento, usted será el receptor y todos los demás en el grupo pensarán en el mismo tema. A propósito, éste es un buen experimento para empezar con su primera experiencia telepática oficial:

1. Una persona del grupo escoge una tarjeta al azar y la muestra a los otros miembros del grupo.
2. Usted selecciona una tarjeta que tenga el mismo color que la tarjeta elegida.
3. La tarjeta muestra uno de los cinco temas en los que el grupo estará pensando.
4. Sostenga la tarjeta delante de usted y relájese cuando examine las opciones del tema. Tome su tiempo. Los pensamientos pueden venir a la mente o llegarle una sensación concreta que puede ocurrir cuando usted examina el título del tema en el cual está pensando el grupo. La mayoría de las personas

puede lograr fácilmente una recogida telepática de un tema en el que un grupo de personas está pensando.

5. La clave, ya lo descubrirá, es relajarse. No puede forzar una recogida telepática si alguien tiene prisa.

Ahora he aquí otro experimento psíquico que puede hacer con un compañero, amante, pariente, amigo o extraño, cualquiera, con tal de que sea alguien que no deteste:

1. La otra persona escoge una tarjeta del tema al azar y procede a pensar en ese tema.
2. El procedimiento normal siguiente es que usted se relaje.
3. Examine ahora la tarjeta y vea qué pensamientos vienen a su mente o qué sentimientos ocurren.
4. Si quiere, puede hacer ciertas acciones para armonizarse mejor con la otra persona y así facilitar una recogida telepática.
5. Mire a la otra persona, respire controladamente y adopte un humor favorable; en otras palabras, temporalmente debe estar unido afectivamente a la otra persona.
6. Debe saber que no puede esperar tener éxito cada vez que haga un experimento psíquico y por consiguiente no debe descorazonarse si un experimento no tiene éxito. De cualquier manera, siempre intente aprender algo de cada experimento que haga.

¿Sirve la telepatía para ganar dinero?

Podríamos conjeturar que si desarrollamos la habilidad telepática sería posible ganar más dinero. El señor Douglas Dean, de la Universidad de Ingeniería de Newark, hizo alguna investigación sobre ESP con los ejecutivos de la compañía. Resultado: los ejecutivos mejoraron su trabajo y ganaron más dinero. La explicación fue que los ejecutivos, los fabricantes de dinero, tenían más concentración y habían tomado decisiones comerciales basadas en razonamientos más intuitivos.

No podemos concluir de esto que si usted desarrolla su habilidad psíquica también podrá ganar más dinero. Pero hablando de experiencias personales, yo diría que mejorando su habilidad psíquica podrá definitivamente «enriquecer» su vida.

Se puede desarrollar o formar un equipo de experimentadores psíquicos para practicar y mejorar el ESP de uno o su habilidad telepática. Aunque puede aprender mucho sobre la telepatía leyendo literatura y libros como éste, lo que realmente le conducirá a tener buenos resultados es efectuar experiencias telepáticas con otras personas que hayan efectuado anteriormente trabajos similares. También le será útil empezar con personas que hayan vivido eventos espontáneos, esto es, que no estuvieran buscando deliberadamente una experiencia telepática.

Debe investigar los hechos en condiciones de trabajo imparciales y rígidas. Aunque estas condiciones no suelen ser lo mejor para lograr buenos resultados, pues tanta seriedad, repeticiones y fracasos desilusionan, con el tiempo conseguirá ser un poco más sabio en estas cuestiones. Le recomendamos que lea libros sobre telepatía, aunque la mayor diferencia entre leer y practicar es que sin experiencia no hay manera de aprender realmente. Lo ideal es unir ambas cosas, leer y practicar, pues la suma aumenta las habilidades. Una vez que ya tenga cierta experiencia es el momento de formar un grupo serio y entusiasta para trabajar.

El equipo

El equipo de experimentadores psíquicos difiere de otros equipos de ESP en las pruebas y los materiales empleados, pues los aficionados no usan símbolos abstractos, números o materiales seguros. Su primer equipo debe disponer de veinticinco elementos diferentes con los cuales efectuar los experimentos psíquicos sin caer en el aburrimiento, tratando de que cada experimento sea diferente. Lo mejor es que se estructuren los experimentos para lograr acumular poco a poco experiencias telepáticas.

He aquí unas experiencias telepáticas interesantes que han ocurrido cuando se ha usado un equipo de experimentadores psíquicos novato:

1. Un tema escogido al azar entre veinticinco, siendo el seleccionado por el remitente el titulado como Querido Perro.
2. El remitente procedió a pensar en acariciar un perro peludo.
3. La recogida que se consiguió, el pensamiento que vino a la mente del receptor, era el de un perro que se rascaba vigorosamente porque tenía pulgas.
4. En otro momento, cuando el receptor hizo de remitente, pensó en un tema titulado Escuela. Se pensaba en estudiar, aprender y en libros.
5. Una muchacha del grupo percibió un pensamiento, que llegaba desde una escuela rural pequeña con una torre, y la campana que estaba sonando anunciando la salida de clase.

De estos dos ejemplos podemos aprender que, cuando la información telepática se recoge, debemos relacionarla subconscientemente con nuestras propias experiencias y asociar el tema adecuado a las ideas de la telepatía. Los pensamientos que vienen a la mente, a nuestra conciencia y conocimiento, pueden en estos momentos no ser exactamente iguales a los que el remitente realmente está pensando, pero el mensaje está allí.

A veces, cuando se hace un experimento psíquico se recoge exactamente lo que la otra persona estaba pensando, lo que indudablemente es una experiencia más estimulante. Por ejemplo, el tema seleccionado y el pensamiento del remitente era una fiesta de cumpleaños. El receptor, al examinar las opciones que llegaban a su mente, resaltó oír cantar la canción «Cumpleaños feliz» cuando miraba el tema titulado como «Feliz Cumpleaños». Lo cierto es que el remitente estaba cantando la canción del «Cumpleaños Feliz» mentalmente. Ésta era al parecer una recogida del pensamiento directa, literal, telepática, sin ningún otro adorno subconsciente.

Cuando estos hechos ocurren todo es excitante. En ciertos momentos usted, como receptor, hallará que es capaz de recoger fácilmente información de cada tema que el remitente seleccione, creando así un eslabón para afinar aún mejor los resultados. Eso es algo muy frecuente cuando lo experimentan hermanos gemelos, madre e hijo, y amantes íntimos. Por supuesto, no espere que los resultados óptimos ocurran a menudo, simplemente disfrútelos en las raras ocasiones en que ocurren y aprenda sobre ello. Debe ser consciente de que condiciones diferentes pueden afectar de una manera negativa su habilidad para armonizar o ser receptivo a otros pensamientos, aun cuando se trate de una persona muy afín a usted emocionalmente. Tales cosas no deben descorazonarlo, pues eso le impedirá armonizar adecuadamente con otra persona.

El equipo de experimentadores psíquicos necesita descubrir, desarrollar y mejorar su habilidad telepática. Se sugiere que, siempre que haga un experimento de telepatía, debe hacerlo con una actitud divertida. También, considere cada experimento como una experiencia de aprendizaje. No debe sentirse molesto por perder el tiempo probando sus habilidades telepáticas o las de otro.

Las pruebas pueden fracasar por dos razones principales:

- Primera, por competir o simplemente tratar de comprobar lo que usted considera a priori como una tontería. La atmósfera no es una atmósfera relajada o amistosa y no facilita la telepatía.
- Segundo, multitud de cosas diferentes en cualquier momento particular pueden afectar la habilidad psíquica de una persona, bien sea positiva o negativamente.

Cualquier prueba que se haga probará la habilidad en ese momento particular, y los próximos resultados pueden ser diferentes, pues la habilidad psíquica de uno no es estática. El mejor acercamiento es mirar cada experimento como una oportunidad de aprender más sobre la telepatía. Observe los experimentos, tanto si tuvieron éxito como si no, como una sesión práctica para mejorar su habilidad telepática.

En conclusión, me gustaría decir que hacer experimentos psíquicos y tener percepciones telepáticas aumentará su conocimiento. Conseguirá un mejor entendimiento de usted y de otras personas que lo llevará a conseguir más placer y goce de la vida. Nada malo hay en ello.

Transmisiones naturales del pensamiento

Mi amigo Jerry me dijo un día que él había mejorado sus habilidades psíquicas. Jerry también sabe mucho sobre las comidas saludables, dietas y otras cosas, como esas dietas orientales que contribuyeron a que las personas conservaran su pelo hasta la vejez. Sus palabras no me interesaban en aquel momento y simplemente le dejé que siguiera hablando, algo que hizo por lo menos durante un mes. Entonces un día, cuando estaba peinándome, me di cuenta de que estaba preocupándome por mi pelo, que era cada vez más escaso. Recuerdo que pensé: «Quisiera saber lo que podría agregar a mi dieta para que dejara de caérseme el pelo. Bien, le preguntaré a Jerry.» Él estaba instalando un nuevo sistema telefónico en la comunidad de salud mental y yo estaba como supervisor de la instalación y el mantenimiento. Cuando lo encontré me miró, pero no me dijo «Hola, ¿cómo estás?», sino que dijo: «Deberías tomarte una cucharada de aceite vegetal todas las mañanas.» Me quedé atónito.

Le respondí: «Me has leído la mente», a lo que me respondió: «He recibido ese pensamiento durante el día.»

Desde aquel momento la telepatía comenzó a interesarme vivamente. Unos años después, cuando estaba viviendo en Florida, pensé pasar un día de campo manejando mi avión de radiocontrol. Era un día soleado y yo estaba sentado en la parte de atrás de mi vehículo, hablando con un amigo. De repente sentí un deseo intenso de llamar a mi esposa por el teléfono móvil y así lo hice. Cuando conseguí hablar con ella lo primero que me dijo es que ahora mismo estaba pensando en llamarme.

Otro día, un viernes de noviembre de 1997, estaba teniendo un día ocupado en mi trabajo, pero sereno. Entonces una situación conflictiva se originó alrededor de las 11:30 que consiguió ponerme furioso. Terminé ciertamente muy enfadado con mis compañeros, aunque evité contárselo a mi esposa. Cuando regresé a casa me encontré con unos amigos que habían venido a visitarnos y lo primero que mi esposa me preguntó es qué me había pasado en el trabajo ese mediodía. Ante mi asombro, ella dijo que de repente sintió un impulso de estrangular a alguien en una pelea durante las horas del mediodía. Después nos preguntamos si teníamos ambos razones para sentirnos muy agresivos en ese mismo momento, lo que no ocurrió. No habíamos mantenido contacto entre nosotros durante toda la mañana, aunque ambos trabajamos en el mismo edificio. La deducción es que ella se metió en mi cerebro cuando yo estaba enfurecido y quiso herir a alguien cuando recogió mis pensamientos.

He leído a menudo sobre la conciencia de masas y, en ocasiones, he sido consciente de que somos un instrumento de ciertos políticos. Trabajo en una parte del edificio que tiene pocas ventanas, por lo que no percibo nunca el tiempo que hace en el exterior, aunque en la primavera suelo sentirme de buen humor. Creo que existe una conciencia de masa que se transmite en la primavera y por eso recojo el pensamiento optimista de miles de individuos.

Percepción psíquica y fisiología

Aunque hasta ahora no sabemos cómo podemos conectarnos con la mente de otras personas de un modo fácil y seguro, así como ignoramos todo sobre el concepto espacio-tiempo, sabemos que existen algunos cambios fisiológicos cuando recibimos información telepática.

Por ejemplo: cuando una percepción fuerte de información llega a la mente, algo en ese momento llama nuestra atención y súbitamente parece que establecemos contacto con la otra persona. La información psíquica llega como una idea, una imagen, una visión o una voz que nos dice algo mentalmente, o como un sentimiento fuerte sobre algo.

Si la percepción ocurre en un sueño, solemos despertarnos sobresaltados.

En todos estos momentos ocurre un cambio de conciencia, en el estado de vigilancia y el conocimiento, y todo es diferente desde ese instante. Si en ese momento pudiéramos conectar al cuerpo algún instrumento electrónico que supervisara las actividades fisiológicas, se notarían muchos cambios. Por ejemplo, un cambio fisiológico notable de actividad que ocurriera sería que aumentaría la frecuencia del pulso, habría más actividad y sería más fuerte. Después de percibir la información y haber ganado conocimiento sobre ella, la próxima cosa que pasaría sería que usted tendría algún tipo de reacción emocional sobre la información. Las emociones, nuestros sentimientos y las sensaciones sentidas afectan a la actividad fisiológica de nuestro cuerpo. En la medida en que la información y el psiquismo sean más importantes, así quedarán afectadas las emociones y nuestra actividad fisiológica también será mayor.

La mayoría de las veces, sin embargo, la información que nos llega lo hace en un nivel más bajo de intensidad y fuerza. Suele ser como un pensamiento fugaz ligero que pasa rápidamente, o una voz débil en la distancia, un cuchicheo o un cambio ligero. La percepción psíquica llama nuestra atención, pero sólo brevemente. En semejante caso, de nuevo, si pudiera medirse, sólo se registraría un cambio momentáneo en la actividad fisiológica normal.

Algunos experimentos con un EEG

En los años 60 se hicieron unos experimentos simples que demostraron ser bastante interesantes. Durante unas semanas existieron unas condiciones ideales. Había un perceptor voluntario que estaba interesado en el asunto de ESP y que había practicado meditación, por lo que podía relajarse a voluntad. Todos nosotros teníamos algún tiempo para dedicar a esos experimentos y disponíamos de un equipo de EEG (encefalograma), un registrador del mapa, ayuda y un cuarto aislado. Tampoco había nadie con problemas importantes en su vida, no había interferencias con otras personas, perturbaciones negativas, y hasta el clima era benigno.

Éste fue el experimento:

- Se usaron tarjetas numeradas del 1 al 10, y en la cabeza del perceptor se colocaron los sensores del instrumento de EEG, un aparato que supervisa la frecuencia de la actividad eléctrica del cerebro o las ondas. El cerebro produce unas frecuencias, desde la más baja a la más alta, que se denominan como Delta, Theta, Alfa y Beta.
- Se escogió una tarjeta al azar y el remitente la miró.
- La puso entonces boca abajo en la mesa. Nadie más la vio o supo el número de la tarjeta.
- Después dejó pasar un tiempo para que se relajara el perceptor hasta que el nivel Alfa predominara en la actividad del cerebro.
- Otra persona contó mentalmente despacio, fuera de la sala, los números del 1 al 10. El perceptor estaba descansado y solamente debía permitir recibir los números.
- El resultado de estos experimentos indicó que el estado Alfa relajado del perceptor cambió momentáneamente de actividad a la frecuencia más alta conocida como Beta (antes de volver a la actividad Alfa), cuando se mencionó la tarjeta escogida. Esto indicó que el perceptor se había dado cuenta del número que el remitente estaba pensando.

- Cuando el experimento finalizó el perceptor dijo que no sabía cuándo había ocurrido la transmisión del pensamiento, pues no había sentido ningún cambio, nada pasó, y aunque vio el número mentalmente no notó ningún cambio físico.

Estos experimentos mostraron que la percepción psíquica puede ocurrir y ser tan sutil que posiblemente sea imperceptible para el individuo, aunque hayan ocurrido ciertos cambios fisiológicos. La mayoría de las veces, sólo el EEG registraba los cambios ocurridos en el momento de la comunicación.

La telepatía durante el sueño

Se realizaron algunos experimentos de telepatía durante el sueño en el Centro Médico Maimónides en Brooklyn, Nueva York, en la década de 1960. El durmiente estaba conectado a un EEG, aunque en estos momentos no se usó para descubrir cuándo ocurría la percepción psíquica, sino para descubrir e informar de cuándo el voluntario estaba soñando.

Los sueños ocurren en un promedio de cinco veces por noche y **normalmente recordamos el último sueño de la noche**, aunque frecuentemente ni siquiera éste. El objetivo de estos experimentos era mostrar que la telepatía puede ocurrir en sueños y que un remitente puede comunicar, transmitir, informar a una persona durmiente, y esas informaciones se integrarían y aparecerían en el sueño de la persona.

Éste es el procedimiento:

1. El remitente, situado en otro cuarto, miraría varias fotografías seleccionadas al azar e iniciaría el sueño.

2. Cuando el EEG descubre que el receptor está soñando, es despertado suavemente y se le pide que informe sobre el sueño.
3. Esto se hace a lo largo de la noche y al final del experimento los jueces analizarán el sueño y decidirán qué fotografía entró en el sueño.
4. Ejemplo: en un experimento la fotografía representaba animales. Había dos perros que comían algunos pedazos de carne cruda y una piedra negra grande en el fondo.
5. El segundo informe del sueño nos llevaba hasta Vermont. Había una playa llena de piedras y todo parecía muy placentero.
6. El tercer informe del sueño estaba en un banquete, comiendo algo como un bistec.

Estos experimentos demostraron que la telepatía durante el sueño es posible y que puede darse información para que aparezca en nuestros sueños. Esta información, además, se recuerda con más facilidad que cuando el sueño es natural, no telepático.

Otros informes

Algo similar son los experimentos de telepatía realizados por Douglas Dean y John Mihalasky con un pletismógrafo, un instrumento electrónico que supervisa cambios fisiológicos en el volumen de la sangre y presión del pulso de un dedo. El voluntario se puso los sensores del aparato y se dispuso a dormir. Un remitente en otro cuarto procedería a mirar el nombre de algunas personas elegidas al azar. Cuando el remitente miraba un nombre que conocía el durmiente, ocurría un cambio de volumen en la sangre. Estos cambios aumentaban cuando se transmitían telepáticamente informes sobre esa persona concreta.

De lo anterior se deduce que pueden aparecer percepciones psíquicas muy intensas de telepatía cuando la persona está relajada o dormida, pero que al despertar no salen al consciente y el sujeto puede no recordar estas sensaciones. No obstante, los cambios físicos son notables y medibles, llegando a ser más intensos cuando la información es negativa para el psiquismo de la persona durmiente.

HABILIDAD PARA DESARROLLAR LA TELEPATÍA

Éstos son los pasos a seguir cuando se dispone de un equipo de experimentadores psíquicos:

1. **Para realizar telepatía necesita creer en ella**. Los escépticos y no creyentes nunca han anotado ninguna sensación con los experimentos psíquicos.
2. Tiene que darse cuenta de estar convencido de que lo que la otra persona está pensando le hará sentir algo interesante y excitante, vívido y emocional. ¿Por qué? Porque los pensamientos interesantes y emocionales son más activos e intensos y así son más poderosos y naturalmente envían más y mejor información que aquellos que son de baja intensidad y actividad.
3. Es mejor no hacer experimentos psíquicos durante demasiado tiempo, pues hay que impedir que el cansancio genere desinterés, ya que ello disminuye las habilidades psíquicas. Su habilidad psíquica aumentará después de que esté descansado y haya renovado su energía, además de mostrar fuerte interés por esta actividad.

4. No intente forzar o hacer esfuerzos excesivos para darse cuenta de que está percibiendo lo que otra persona está pensando. Esta acción anulará su propósito. Las percepciones psíquicas ocurren cuando la mente, la conciencia, está relajada, aunque sea simplemente un momento.
5. La telepatía trabaja mejor cuando se posee un estado positivo de mente y cuerpo, esto es, no hay que sentirse negativo, enfermo, deprimido, cansado, perturbado o excitado. De hecho, cualquier percepción que se crea debe considerarse sospechosa si ocurrió cuando se estaba en un estado negativo, que frecuentemente da lugar a errores.
6. Cuando se está preparado para recibir percepciones psíquicas intencionalmente, hay que lograr un estado contemplativo, meditativo, callado, en la mente. Es decir, hay que relajarse, estar en paz consigo mismo, y no tener prisa por percibir información. Esté suelto, abierto, receptivo a gusto, y permita que los pensamientos lleguen a la mente.
7. La música fuerte o los ruidos, y cualquier otra cosa que le haga sentirse incómodo, le hará distraerse y puede impedir que ocurran las percepciones psíquicas.
8. Siempre que se tenga una percepción psíquica, piense en cómo ocurrió, lo que hizo y cómo se manifestó. Aunque estamos realizando un acercamiento divertido para descubrir y desarrollar nuestra habilidad psíquica, se trata realmente de un proceso de aprendizaje. También, dado que todos somos diferentes, necesitará aprender cómo la telepatía trabaja mejor en su caso.
9. Las percepciones telepáticas pueden llegar en muchas formas. A veces la información llega en una forma asociativa o simbólica rara. Si eso ocurre,

necesitará pensar en ello y analizarlo para determinar su significado.

Percepción de la información

El equipo de experimentadores psíquicos debe ayudar a desarrollar la habilidad psíquica de percibir información que no es perceptible por medio de nuestros sentidos físicos. Esta práctica se logra mediante la telepatía y lo que se consigue es la habilidad para poder mejorar las capacidades telepáticas y poder diferenciar entre los propios pensamientos y los de origen telepático.

De un modo general, cuando se quiere saber algo, cuando se quiere hacer una recogida psíquica de información, hay que hacer una pregunta que especifique lo que claramente se quiere saber. A veces la percepción telepática del informador puede ocurrir inmediatamente cuando se hace la pregunta, y si no, hay que relajarse para que la información telepática se pueda manifestar y llegar a la mente. Es un hecho bien conocido, en las observaciones empíricas, que **la información telepática llega cuando una persona está relajada**, o realiza una actividad rutinaria que no requiere mucha concentración mental, o en un ensueño, o en un sueño real. Y esa información telepática puede llegar en forma de pensamientos visuales que pueden ser literales, simbólicos o asociativos, siendo labor de los receptores filtrar los datos y clarificarlos.

Debido a las muchas maneras en que puede ocurrir una percepción psíquica, una vez que se ha manifestado o se piensa que ha ocurrido, necesitará pensar en la información, interpretarla, y extraer su significado, valor y utilidad. Pero si, después de un tiempo, la información que necesita no ha llegado a la mente, o está muy confusa, haga una nueva pregunta y relájese. Con frecuencia deberá ser paciente y persistente para conseguir resultados y no debe descorazonarse si en ciertos momentos no tiene éxito.

El equipo para los experimentos psíquicos

El equipo debe contener lo siguiente:

1. Las instrucciones.
2. 25 tarjetas con palabras e imágenes.
3. 5 juegos de tarjetas temáticas.
4. 5 tarjetas con un número.
5. Todas las tarjetas deben ser del mismo tamaño.

Cómo hacer los experimentos

Una persona se ofrece a ser el perceptor, la otra persona se ofrece a ser el remitente, aunque también puede haber un número variable de ambos, e incluso pueden existir muchos más remitentes que perceptores.

- El remitente baraja las 25 tarjetas y al azar escoge una tarjeta. Piensa en una de ellas para que el perceptor pueda seleccionar la tarjeta del «tema». Si existen mucho remitentes, todos pueden pensar en la misma tarjeta.
- El remitente procede a pensar, despacio y totalmente, en el tema de la tarjeta seleccionada. Para ser más eficaz, después de pensar en la tarjeta, deberá agregar sus propios pensamientos asociativos revocando experiencias relacionadas con el tema. El esfuerzo no requiere pensar solamente en un tema, pues los mejores resultados se consiguen usando la imaginación con escenas, sonidos, humor, sentimientos, colores, olores, sabores, etc., siempre relacionados con ese tema.

- Al mismo tiempo, el perceptor examina las cinco tarjetas temáticas y se relaja. De nuevo, no se requiere esfuerzo alguno. En este caso, lo que necesita es una mente abierta. Normalmente, algunos pensamientos vienen a molestar cuando estamos tratando de concentrarnos en un solo tema. No tenga prisa, no hay tiempo límite para hacer estos experimentos, y lo importante es que se consigan resultados. Cuando el perceptor está cómodo consigo mismo y piensa que logrará encontrar el asunto, los resultados suelen ser casi siempre óptimos.

Cómo mejorar los envíos y percepciones psíquicas

Éstas son algunas de las causas más habituales de los fracasos:

1. Si no cree en la telepatía y los ESP, no espere realizar bien como perceptor.
2. Si la música de fondo, las conversaciones o los ruidos son demasiado fuertes, pueden ser una distracción e interferir en los envíos y recepciones.
3. No espere realizar correctamente los experimentos si se encuentra mal, cansado, perturbado o excitado. Estar relajado, cómodo, a gusto, y sintiéndose bien es el mejor estado para efectuar experimentos psíquicos.
4. Si pierde interés, no espere hacer nada bien. Si eso pasa, debe dejar por algún tiempo los experimentos y seguir posteriormente. **Sólo haga experimentos psíquicos cuando esté muy interesado**.
5. El remitente debe abstenerse de pensar en otras cosas ajenas al tema sujeto seleccionado y debe evitar también hacer cualquier gesto corporal externo o

con expresiones faciales que pueden darle indirectas al perceptor sobre el tema.

6. La intención ayuda en la transmisión y recepción de la información psíquica. El remitente debe querer que el perceptor perciba lo que está pensando, el asunto del tema. El perceptor debe querer saber lo que el remitente está pensando. ¿Puede hacerse esto simplemente pensando sobre qué está pensando el remitente? Intente relajarse entonces.
7. El perceptor necesita un poco de práctica para ser capaz de reconocer la diferencia entre un pensamiento que viene a molestar la percepción psíquica y un pensamiento generado por su propia mente o imaginación. Los informes psíquicos, los pensamientos, apenas consiguen llegar a la mente y ser reconocidos tal como ocurrieron, apareciendo aparentemente desligados. A veces el informador psíquico tiene que asociarlo a un símbolo o circunstancia. Si eso ocurre, necesitará pensar en la información y analizarla para determinar su significado. Reconocer las percepciones psíquicas es algo que se aprende experimentando. Desarrollar su habilidad psíquica requiere práctica, paciencia, persistencia y, especialmente, una actitud relajada en la que se divierta y disfrute de los experimentos y experiencias.

He aquí un ejemplo:

Suponga que un muchacho de siete años pregunta: ¿cómo se maneja una computadora? Aun cuando se le explique todo sobre semiconductores, arquitectura, sistema operativo, hardware y software, él no tendrá una pista adecuada después de la respuesta. Su pregunta era absolutamente descompuesta. Primero tiene que aprender muchas cosas, antes de que pueda comprender la respuesta.

Esto ocurre exactamente en el mundo de la telepatía: si se realiza una mala pregunta no se entenderá la respuesta. Normalmente la respuesta le indicará algo más de lo que necesita aprender primero. Es mejor hacer preguntas y peticiones simples.

Éstas son algunas circunstancias que favorecen la práctica de la telepatía:

1. Hay que restaurar la salud, pues es una condición importante, ya que liberamos los recursos de la mente. Esto se logra mejor mediante la desintoxicación y las dietas depurativas.
2. Hay que tener intenciones puras, sin intención de dañar a nadie o algo. Otorgar el perdón libra los recursos de la mente bloqueada.
3. La dieta vegetariana parece ser una opción importante, pues libera los recursos de la mente del metabolismo innecesario.
4. Comer poco, beber agua pura y cenar poco.
5. La meditación.
6. Los ejercicios de concentración.
7. La concentración durante e inmediatamente antes de las prácticas.
8. Intentar lograr un buen sueño.

Lo más eficaz parece ser la meditación y concentración entre las tres y las cinco de cada mañana, seguida por un sueño controlado cuando volvemos a la cama. Unos diez minutos de yoga antes del procedimiento anterior también son útiles, aunque la autodisciplina es la parte más difícil.

Cuando se acueste en la cama después de la meditación, concéntrese con los ojos cerrados. Debe intentar ahora reducir la velocidad del proceso mental para ponerse a dormir de nuevo. Cuando entre en el sueño su pensamiento sigue vigente, pero ahora estará bajo su control. Usted puede volar, mejorar su carácter, del mismo modo que quien se acuesta con miedo tendrá pesadillas.

Plan del laboratorio

El sistema de experimentación *ganzfeld* empleado en Edimburgo consta de cuatro departamentos separados, alojados a su vez en otro cuarto mayor.

- El cuarto del receptor (cuarto 1 experimental):

Dispone de un aislamiento acústico doblemente amurallado y los sonidos entre el cuarto del receptor y el remitente están reducidos hasta un mínimo de 60 dB y un máximo de 100 dB en el intervalo 50-8.000 Hz. Las vibraciones de frecuencia bajas pueden oírse débilmente y sentirse, pero esto se reduce sustancialmente cuando el receptor está con los auriculares puestos. Ningún sonido o vibración que se originen en el cuarto del remitente son discernibles. El cuarto contiene una cámara de vídeo, una silla reclinable y un amplificador de audio. Hay una unidad de aire acondicionado protegida para que no exista ninguna ventana externa.

- El cuarto del experimentador o cuarto de mando:

Este cuarto contiene un sistema informático controlado, una cámara de vídeo y un equipo de audio mezclado con todo. Las oficinas están juntas o forman parte de la unidad de parapsicología.

- El cuarto de vídeo (cuarto 2 experimental):

Este cuarto tiene una atenuación parcial y contiene el sistema para mostrar lo grabado en vídeo, dos computadoras y una grabadora de sonido. Una computadora controla al remitente y otra la juzga al receptor. Ningún sonido de los aparatos allí presentes puede ser percibido en los cuartos anexos.

- El cuarto del remitente (cuarto 3 experimental):

Está localizado aproximadamente a veinticinco metros del cuarto del receptor, en un suelo nivelado ligeramente más alto. Este cuarto no tiene ningún escudo acústico, aunque sí una silla cómoda, una cámara de vídeo y un amplificador de audio. La cámara de vídeo está situada en la esquina más lejana del cuarto, bloqueada de la vista directa por un cristal ahumado. La única ventana externa es una claraboya inclinada, que igualmente está cubierta por una sombrilla opaca. Un interruptor magnético indica cuándo la puerta está abierta o cerrada.

Esquema de los eslabones audiovisuales

Este plan aísla el audio y el vídeo del remitente y el receptor, evitando distraer sus sentidos. La única conexión directa entre el remitente y los sistemas del receptor es el equipo de audio que los mantiene en comunicación. Esto permite al remitente oír las respuestas del receptor, pudiendo así alterar su estrategia de envíos.

Preocupaciones de seguridad

Las críticas principales a los primeros trabajos fueron:

- Posible información subliminal al receptor, esto es, inducirlo a hacerle creer en ciertas percepciones sensoriales, u otras actividades psíquicas, de las que el sujeto no llega a tener conciencia.

- Repetición de la información que se envía telepáticamente, alterándola para proporcionar señales sutiles.
- Los sonidos del mecanismo del vídeo podrían proporcionar señales al experimentador sobre lo que está realizándose.
- Podría haber alguna forma de comunicación directa entre el remitente y receptor, o entre el remitente y experimentador.
- Fraude deliberado en el experimento.

Un procedimiento experimental típico

1. Se explican las razones de los experimentos Ganzfeld y la investigación de ESP.
2. Se anima a los participantes sobre los resultados positivos que encontrarán y sobre el éxito de los ensayos de ESP.
3. Se dice a los participantes que deben relajarse y disfrutar de la experiencia, y se pide un acercamiento a los organizadores.
4. Los participantes ven los cuartos del receptor y el remitente.
5. Esta preparación implica conseguir que ambos se encuentren cómodos en una silla reclinable, tapándoles los ojos con gafas opacas, ajustando el volumen en los auriculares y posicionando el micrófono para asegurar una buena grabación de la voz.
6. Las luces principales permanecerán apagadas y aunque existe una luz roja permanece fuera del alcance visual frontal del receptor.
7. Una vez realizado todo esto, el remitente mira primero lo que está grabado en el vídeo e intenta

comunicar esto silenciosamente al receptor. Estas imágenes se muestran nueve veces durante un período de treinta minutos.

8. El remitente puede oír entonces los comentarios del receptor y modificar su pensamiento para intentar reforzar mentalmente las impresiones correctas.
9. Los experimentadores empiezan entonces con la cinta de relajación, que es escuchada por ambos durante al menos treinta minutos.
10. El receptor informa libremente sobre cualquier imagen, pensamiento, sentimiento o impresiones que entran en su mente. Estos comentarios son grabados en audio y anotados por el experimentador.
11. El receptor, a estas alturas, tiene permiso para agregar cualquier detalle extenso o pensamientos que pueda haber tenido.
12. El receptor puede entonces quitarse la venda y observar las imágenes de vídeo. Ahora muestra cuatro imágenes nuevas, una en cada momento, y realiza un comentario sobre cada una. Se da a cada participante la opción de poder ver las imágenes tanto tiempo como deseen. Cuando están listos, les piden que escojan una.
13. Se graban todas las evaluaciones y, si todo ha ido bien, ambas imágenes, la del remitente y el receptor, coinciden plenamente.
14. El remitente entra entonces en el cuarto del receptor y se discuten la sesión y su resultado.

Otros experimentos

Se examinaron cuatro grupos creativos: artistas, músicos, escritores y actores. Cada grupo tenía 32 participantes para un total de 128 sesiones de Ganzfeld, y todos los participantes completaron perfectamente el test de personalidad y las valoraciones de creatividad, requisito imprescindible para una sesión.

Globalmente, se consiguieron 60 aciertos directos en 128 ensayos, una proporción del 47 por 100. Como subgrupo los músicos obtuvieron 18 aciertos directos en 32 ensayos (56 por 100); los artistas obtuvieron 16 aciertos directos en 32 ensayos (50 por 100), y los escritores y actores obtuvieron 13 aciertos directos en 32 ensayos (41 por 100).

Con el fin de observar si se podían repetir voluntariamente los resultados anteriores, se realizaron nuevos experimentos en Toronto, Canadá.

Se efectuaron dos pruebas con una versión parcialmente completada de un nuevo sistema diseñado para solucionar algunos de los problemas en el procedimiento Ganzfeld original. En el estudio intervinieron 16 receptores seleccionados al azar, con emisiones dinámicas y estáticas, y con amigos como remitentes. Los resultados aportaron aciertos en el 25 por 100 de las pruebas.

Un segundo estudio involucró a 32 participantes informalmente presintonizados, pero con una actitud positiva hacia el ESP, bien por tener una habilidad musical o artística, o por ser socialmente destacados. En total se formaron 16 parejas, cada una con su remitente y receptor, siempre con blancos dinámicos. Globalmente se consiguió un 40,6 por 100 de aciertos, con una ligera mejora cuando los participantes habían efectuado disciplinas mentales. **Los individuos muy creativos anotaron significativamente mejores resultados que los técnicos**. Además, la primera sesión fue significativamente mejor que la segunda.

Uniendo ambas experiencias se encontró una proporción de aciertos del 32,8 por 100, realmente muy cerca del 34,4 por 100 de la investigación original Honorton.

Información general

La mayoría de los psicólogos académicos no aceptan todavía la existencia de la telepatía, ni ningún otro proceso anómalo de información o traslado de energía o percepción extrasensorial. Estos sucesos actualmente inexplicados se denominan en términos de mecanismos físicos o biológicos conocidos. Nosotros creemos que las proporciones de las repeticiones y los efectos logrados por un método experimental particular, el procedimiento Ganzfeld, es ahora suficiente garantía para atraer la atención de la comunidad de psicólogos. Se han repasado los análisis en el banco de datos de R. Hyman, un crítico escéptico de la investigación de los fenómenos telepáticos, y también de C. Honorton, un parapsicólogo y el mayor contribuyente al banco de datos de Ganzfeld.

¿Existe ciertamente la telepatía?

El término telepatía denota los procesos anómalos de información, el traslado de energía u otras formas de percepción extrasensorial que es actualmente inexplicable por mecanismos físicos o biológicos conocidos.

¿Existen realmente? La mayoría de los psicólogos académicos piensan que es posible. En un estudio de más de 1.100 profesores de universidades de Estados Unidos, entre ellos científicos naturales, científicos sociales (excluidos los psicólogos) y académicos en las artes, humanidades y educación, creían que la ESP es un hecho establecido o una posibilidad factible. Sin embargo, solamente el 34 por 100 de los psicólogos lo creían posible. Es más, un número igual de psicólogos declaró que estos fenómenos son imposibles.

Los psicólogos que están a favor suelen ser escépticos con los experimentos actuales por varias razones. Primero, creen que las demandas extraordinarias requieren pruebas extraordinarias. Algunos, sin embargo, sostienen que lo más importante es estar familiarizado con los requisitos metodológicos y estadísticos, para evitar los errores anteriores que no reunieron esos requisitos o no consiguieron repetir sus logros.

Segundo, la mayoría establece una clara distinción entre fenómenos cuyas explicaciones son meramente polémicas (como la hipnosis) y fenómenos como la telepatía, que parece salir del armazón explicativo actual. (Algunos caracterizarían esto como la diferencia entre lo inexplicado y lo inexplicable.)

En contraste, muchas personas tratan todos los fenómenos psicológicos exóticos como histerias colectivas o equivalente, mientras que otros los consideran simplemente como un fenómeno psíquico. Las diferencias en estas valoraciones están incitadas e impulsadas por los medios de comunicación, los libros divulgativos, los cursos de poder mental y los espectáculos de hipnosis o telepatía en teatros y televisión. Por todo ello, para el psicólogo actual le es más cómodo y prestigioso rechazar a priori todo lo relacionado con los fenómenos paranormales, **aun cuando ni siquiera haya intentado conocerlos superficialmente**.

Finalmente, investigar en la psicología cognoscitiva y social ha sensibilizado a muchas personas sobre los errores y prejuicios que han plagado la mente de los profesionales de las ciencias, al mismo tiempo que han intentado apartar la anécdota, los informes anecdóticos, o periodísticos, de las verdades.

Paradójicamente, sin embargo, los psicólogos no están ahora probablemente más familiarizados que otros con las recientes investigaciones experimentales en la telepatía. Como ocurre con la investigación psicológica, la investigación en parapsicología aparece principalmente en los periódicos especializados; mientras que la investigación diferente, sin embargo, la de la parapsicología contemporánea, normalmente no se repasa ni se menciona en los libros de texto de psicología, pero lo hace en los periódicos normales. Por ejemplo, sólo 1 de 64 libros de texto de psicología mencionó recientemente los últimos procedimientos experimentales repasados en este libro, procedimientos que son ya de uso habitual desde los años 70. Otras fuentes secundarias escritas por no especialistas son frecuentemente inexactas en sus descripciones sobre la investigación de la parapsicología.

Esta situación puede estar cambiando. Las discusiones sobre psicología moderna comprenden fundamentos y experimentos de telepatía y se publican libros divulgativos accesibles para el público. El propósito presente es complementar los experimentos más habituales con mejores detalles, aportando la adecuada documentación analítica sobre las evidencias del procedimiento Ganzfeld. Las repeticiones y los efectos logrados con este sistema son ahora suficientes para garantizar los resultados y atraer así la atención de la comunidad psicológica.

Ampliación del procedimiento Ganzfeld

Históricamente, la telepatía ha estado asociada con la meditación, la hipnosis, los sueños y otros hechos provocados deliberadamente o naturales. Por ejemplo, la visión de los fenómenos psíquicos que pueden ocurrir durante la meditación se refleja en la mayoría de los textos clásicos en técnicas meditativas. También existe la creencia de que la hipnosis permite regresar a fechas y acontecimientos importantes de nuestra vida, e incluso de otras vidas pasadas, lo mismo que a través de los sueños.

Varios investigadores han informado que la meditación facilita la actuación de los fenómenos paranormales, y un análisis de veinticinco experimentos con hipnosis efectuados entre 1945 y 1981 en diez laboratorios diferentes, sugiere que la inducción hipnótica también pueda facilitar la actuación telepática.

En los laboratorios del sueño Maimónides se efectuaron pruebas con un «receptor» y un «remitente», durante el sueño inducido. Se supervisaron los movimientos del ojo del receptor cuando dormía en un cuarto aislado. Cuando entró en un período de sueño REM los experimentadores apretaron un timbre que señalaba que el remitente empezaba a enviar señales. El remitente se concentraba entonces en un cuadro elegido al azar con la meta de influir en el sueño del receptor.

Hacia el final del período REM, el receptor se despertó y se le pidió que describiera cualquier sueño que hubiera experimentado. Este procedimiento se repitió a lo largo de la noche con las mismas personas. Una trascripción de los informes sobre el sueño del receptor fue analizada por jueces que tasaron la similitud de los sueños de esa noche con varios cuadros emitidos por el remitente.

Estas líneas de evidencia hicieron pensar en que existe un modo de funcionamiento telepático denominado como signo débil que normalmente es enmascarado, por lo que se considera «ruido» exterior. Reduciendo la entrada ordinaria a este sensor, estos estados psíquicos diversos pueden anular la proporción del ruido, reforzando la habilidad de una persona para descubrir la información que le llega, aislándola de otros estímulos. Para probar la hipótesis de que una reducción en la entrada de ruidos facilita la actuación telepática, los investigadores volvieron al procedimiento Ganzfeld.

Como en los estudios del sueño, el procedimiento Ganzfeld se ha usado a menudo para probar la comunicación telepática entre un remitente y un receptor. El receptor se pone en una silla reclinada en un cuarto aislado acústicamente. Se le colocan gafas opacas sobre los ojos y auriculares en las orejas, y se pone un reflector rojo dirigido hacia los ojos para producir un campo visual sin diferencias. El ruido que llega a través de los auriculares produce un campo acústico análogo. Este ambiente perceptivo homogéneo es lo que se llama Ganzfeld («campo total»). Para reducir el interior somático, «el ruido», el receptor efectúa una serie de técnicas de relajación progresiva al principio del período Ganzfeld.

El remitente entra en un cuarto acústicamente aislado y separado, donde selecciona un estímulo visual (pintura, fotografía o breve secuencia de vídeo), de entre los cuales elige aquel que suponga un mayor estímulo. Mientras el remitente se concentra, el receptor proporciona un informe verbal continuo de aquello que está viendo, imaginando o meditando, normalmente durante aproximadamente treinta minutos.

Cuando ha terminado de enviar sus mensajes se presentan al receptor varios estímulos (normalmente cuatro) y, sin que sepa qué estímulo era el blanco, se le pide que tase el grado en que han llegado a su mente durante el período Ganzfeld. Si el receptor asigna la valuación más alta al estímulo elegido por el remitente, se anota como un «golpe». Así, si el experimento se efectúa con cuatro estímulos (uno real y otros tres de señuelo), la proporción esperada del golpe, éxito, debe ser muy alta.

Análisis del banco de datos Ganzfeld

En 1985 y 1986, el *Periódico de Parasicología* consagró dos revistas enteras a un examen crítico del banco de datos Ganzfeld. En 1985 el estudio comprendió dos análisis: a) un estudio y crítica de Ray Hyman (1985), un psicólogo cognoscitivo y crítico escéptico en la investigación de la parapsicología, y b) un análisis comparativo y respuesta de Charles Honorton (1985), un parapsicólogo e importante contribuyente al banco de datos Ganzfeld. El 1986 el estudio contenía cuatro comentarios de Hyman y Honorton, un comunicado oficial efectuado por ambos y seis comentarios adicionales.

He aquí resumidas las conclusiones:

El estudio

El análisis de Hyman cubría 42 estudios Ganzfeld de telepatía realizados en 34 informes separados escritos o publicados desde 1974 a 1981. Uno de los primeros problemas que descubrió en el banco de datos fue el análisis múltiple. Según dijo, es posible calcular varios índices de actuación de la telepatía en un experimento Ganzfeld y, además, unir esos índices a varios tipos de tratamiento estadístico. Muchos investigadores informaron que los índices múltiples o las pruebas estadísticas múltiples aplicadas sin ajustar el nivel de importancia de criterio, originaban conclusiones erróneas. Peor aún: en algunos experimentos solamente se registraron los triunfos, especialmente los que tuvieron un resultado significativamente exitoso. Honorton estaba de acuerdo en que éste era un problema importante.

De acuerdo con ello, Honorton aplicó una prueba uniforme para todos los estudios de los que se disponía de datos pertinentes, sin tener en cuenta cómo los investigadores habían analizado los datos en los informes originales. Seleccionó la proporción de aciertos y encontró éxitos en 28 de un total de 42 estudios. La proporción de éxitos también es un índice conservador porque desecha la mayoría de los informes de evaluación y las conclusiones del experimentador.

El laboratorio

Una objeción a las estimaciones descritas es que los estudios de un laboratorio no son independientes. Así, es posible que para uno o dos investigadores sea muy necesaria la repetición de los resultados, mientras que para otros lo sean los resultados.

El banco de datos Ganzfeld es vulnerable a esta posibilidad. Los 28 estudios que proporcionan información sobre la proporción de éxitos fueron dirigidos por investigadores en diez laboratorios diferentes. Un laboratorio contribuyó con nueve de los estudios, el propio laboratorio de Honorton contribuyó con cinco, otros dos laboratorios contribuyeron con tres cada uno, dos contribuyeron con dos cada uno, y los otros cuatro laboratorios cada uno contribuyó con uno. Así, la mitad de los estudios fueron dirigidos a través de sólo dos laboratorios, uno de ellos el de Honorton.

El dato positivo es que, aunque el número total de laboratorios en este banco de datos es pequeño, la mayoría de ellos han aportado estudios significativos, y la importancia del efecto global no depende de uno o dos de ellos.

Información selectiva

En años recientes, científicos conductistas (los que siguen métodos basados exclusivamente en la observación del comportamiento o la conducta del ser, sin recurrir a la conciencia o a la introspección) se han dado cuenta de un problema: la probabilidad de que los estudios exitosos hayan sido publicados siempre, mientras que los infructuosos fueron depositados en los archivos de sus investigadores defraudados. Los parapsicólogos son muy sensibles a este problema y, en 1975, la Agrupación de Asociaciones de Parapsicología adoptó una política que se opone a la información selectiva de los resultados. Como consecuencia, se han informado de hallazgos negativos rutinarios de los cuales no había constancia. Como ya se ha mostrado, **más de la mitad de los estudios Ganzfeld no alcanzaron el nivel exigido de eficacia**.

Una variante del problema de información selectiva es lo que Hyman llama «estudio retrospectivo». Un investigador dirige un pequeño juego de ensayos exploratorios. Si rinden resultados nulos, se reseñan como exploratorios y no se incluyen en el registro oficial; si rinden resultados positivos, se definen como un estudio después de finalizar y se disponen para su publicación. En apoyo de esta posibilidad, Hyman notó que hay estudios significativos en el banco de datos con menos de veinte ensayos que uno esperaría fueran considerados así. En el banco de datos de Ganzfeld, de 42 estudios, ocho involucraron menos de veinte ensayos, y seis de esos estudios consiguieron resultados significativamente importantes que se incorporaron a las estadísticas.

Por eso es imposible, por definición, saber cuántos estudios exploratorios están languideciendo en los archivos, por lo que la mayor herramienta para juzgar la telepatía no es enteramente fiable. Es necesario realizar una estimación de cuántos estudios no comunicados deberán salir a la luz para conocer con exactitud las pruebas exitosas fiables.

Fallos metodológicos

Si la crítica más frecuente a la parapsicología es que no ha producido experimentos repetibles, la segunda crítica más frecuente es que muchos experimentos de telepatía están organizados inadecuadamente y el proceso es muy anárquico. Una crítica frecuente es que los resultados positivos surgen principalmente de una simple iniciativa, con estudios pobremente controlados, y entonces no quedan rastros de los malos resultados.

Afortunadamente, los nuevos análisis mantienen una evaluación empírica para evitar que los fallos metodológicos puedan haber contribuido a aumentar los resultados positivos. Primero, se asignan evaluaciones a cada estudio según un índice en el que los fallos metodológicos no están presentes; estas evaluaciones se ponen en correlación entonces con los resultados. Las grandes correlaciones positivas constituyen la evidencia de que el efecto observado puede no ser objetivo.

En la investigación telepática, los fallos más fatales son aquellos que podrían permitir que un sujeto obtenga la información designada inadvertidamente o a través de un timo deliberado. Otro fallo potencialmente serio es el proceso de elegir al azar las imágenes o estímulos.

Sensaciones

Al ser el Ganzfeld un procedimiento de aislamiento perceptual, **lo importante es eliminar la llegada potencial de sensaciones durante la sesión**. Hay, sin embargo, cauces potenciales de llegada de sensaciones después de las sesiones. Por ejemplo, si el experimentador que actúa recíprocamente con el receptor sabe la identidad del blanco, el objeto podría cambiar las evaluaciones para tratar de dar una identificación correcta. Sólo un estudio en el banco de datos evita este fallo, un estudio en el que realmente quede eliminada la expectativa de oportunidad. Segundo, si el estímulo dado al receptor contiene datos físicos reales manejados por el remitente durante el período de envío, podría haber señales (huellas digitales, manchas o diferencia en la temperatura) que podrían diferenciar los señuelos. Es más, el proceso de transferir los materiales del estímulo al cuarto del receptor abre otros cauces potenciales de llegada de sensaciones. Aunque los estudios Ganzfeld contemporáneos han eliminado estas dos posibilidades usando estímulos dobles, algunos de los primeros estudios no lo hicieron.

Los análisis independientes de Hyman y Honorton estaban de acuerdo en que no había ninguna correlación entre las insuficiencias de seguridad para la llegada de estímulos y el resultado del estudio. Honorton llevó más allá sus conclusiones al decir que, si se desecharan los estudios que no usaron juegos dobles de análisis, los estudios restantes todavía son muy significativos.

El objeto elegido

En muchos experimentos de telepatía, el problema del objeto designado es crítico porque los modelos sistemáticos designados en sucesivos experimentos, inadecuadamente aleatorios, podrían ser descubiertos durante una sesión o podrían originar deducciones o prejuicios en la contestación. En un estudio de Ganzfeld, sin embargo, la randomización no se considera un problema crítico, porque sólo se selecciona un blanco durante la sesión y la mayoría de los asuntos sirven solamente en esa sesión. La preocupación primaria simplemente es que todos los estímulos dentro de cada experimento deben ser juzgados uniformemente durante el curso del estudio.

No obstante, Hyman y Honorton discreparon de estos hallazgos. Hyman exigió que debía haber una correlación entre los fallos de randomización y el resultado del estudio; pero Honorton exigió lo contrario. Las fuentes de esta discordancia ocasionaron no pocos problemas para encontrar las definiciones de los fallos, el código a emplear y la asignación de evaluaciones en los fallos, los individuos y en el tratamiento estadístico subsiguiente de esas valuaciones.

Sigue sin haber desgraciadamente ninguna evaluación definida sobre los fallos, por lo que los laboratorios independientes no disponen de unas pautas y deben generar las suyas propias. No obstante, ninguno de los contribuyentes al debate ocasionado por la conclusión de Hyman, ha asumido plenamente las conclusiones de Honorton. Por ejemplo, Harris y Rosenthal (uno de los pioneros en el uso del análisis en la psicología) usaron las evaluaciones de los fallos de Hyman y no encontraron ninguna relación significativa entre los fallos y los resultados del estudio en cada uno de los dos análisis separados: «Nuestro análisis de los efectos de los fallos en el resultado del estudio no presta apoyo a la hipótesis que suponen una función significativa para la evaluación final.»

El efecto

Algunos críticos de parasicología han defendido que, aun cuando los laboratorios de telepatía logran producir efectos repetibles y precisos, son demasiado pequeños para aportar un interés teórico o una importancia práctica.

En los estudios Ganzfeld, la propia proporción del éxito ocasiona una medida descriptiva sincera del tamaño del efecto, pero esta medida no puede compararse directamente con otros estudios porque no hacen uso de los cuatro estímulos necesarios y por ello todos tienen cierta oportunidad y casualidad. La diferencia en cada estudio entre la proporción del éxito observado y la proporción del éxito esperado, siempre bajo una hipótesis nula, también es intuitivamente descriptiva, pero no es apropiada para el análisis estadístico.

También es instructivo comparar el efecto Ganzfeld con los resultados de un reciente estudio médico que buscó determinar si la aspirina puede prevenir ataques cardíacos. El estudio se interrumpió después de 6 años porque ya estaba claro que el tratamiento de la aspirina era eficaz ($p < 0,00001$) y fue juzgado inmoral considerarla como un efecto placebo. El estudio se publicó ampliamente como un descubrimiento médico importante. Pero a pesar de su realidad indiscutible y la importancia práctica, el tamaño del efecto de la aspirina es bastante pequeño: tomar aspirina reduce la probabilidad de sufrimiento de un ataque cardíaco en un 8 por 100. El tamaño de este efecto es inferior a las pruebas y conclusiones de Ganzfeld, por lo que creemos que los resultados óptimos en la telepatía son muy superiores a cualquier otra prueba médica.

Imágenes múltiples

Aunque la mayoría de los 28 estudios usó solamente fotografías como objetos, nueve de ellos (dirigidos por tres investigadores diferentes) usaron un estereoscopio para presentar imágenes múltiples enfocadas en un tema central. Los estudios que usan este sistema produjeron éxitos proporcionalmente más altos que quienes usaron solamente una imagen (un 50 por 100 frente a un 34 por 100).

Remitente y receptor afines

En 17 de 28 estudios, los participantes eran libres de traer a sus amigos para servir como remitentes. En otros estudios, se usaron remitentes asignados por el laboratorio. En estos 17 estudios (dirigidos por seis investigadores diferentes) se lograron más aciertos que cuando se utilizaron remitentes asignados por el laboratorio (un 44 por 100 frente a un 26 por 100).

El comunicado oficial de la Junta

Después de su intercambio publicado en 1985, Hyman y Honorton estuvieron de acuerdo en contribuir a un comunicado oficial que se publicó en 1986. Primero establecieron sus áreas de acuerdo y discordancia:

«Nosotros estamos de acuerdo en que hay un efecto significativo global en la base de datos que no puede ser explicado razonablemente mediante un análisis selectivo o múltiple. Continuamos difiriendo acerca del grado en que el efecto constituye la evidencia de la telepatía, pero estamos de acuerdo en que el veredicto final espera el resultado de futuros experimentos que deben ser dirigidos por un rango más amplio de investigadores y según normas más severas» (Hyman y Honorton, 1986).

Después enunciaron con detalle las «normas más severas» que creen deben gobernar los futuros experimentos. Estas normas incluyeron precauciones de seguridad estrictas para evitar la entrada de estímulos, así como la comprobación y documentación de los métodos de randomización para seleccionar objetos (blancos) y secuencias de corrección fijas. También se juzgó la estadística para los análisis múltiples, la especificación de antemano del estado del experimento y la documentación completa en el informe publicado sobre los procedimientos experimentales y el estado de las pruebas estadísticas.

El informe del Consejo de Investigación Nacional

En 1988, el Consejo de Investigación Nacional (NRC), de la Academia Nacional de Ciencias, emitió un informe ampliamente publicado en diversos medios. El ejército evaluó varias tecnologías polémicas para reforzar la actuación humana, que incluyen el aprendizaje acelerado, programación lingüística, práctica mental, retroalimentación biológica y parapsicología.

La conclusión del informe acerca de la parapsicología fue bastante negativa: *«El Comité no encuentra ninguna justificación científica dirigida a la investigación en un período de 130 años sobre la existencia de fenómenos parapsicológicos.»*

La réplica a esta negativa fue contestada de forma extensa por el Comité de Parapsicología. El punto más conflictivo fue el referente a la evaluación negativa de los estudios de Ganzfeld, pues no refleja un examen adicional, independientemente de que el banco de datos Ganzfeld está basado en el mismo análisis dirigido por Hyman.

Hyman y Honorton habían coincidido hace dos años en su comunicado oficial de la Junta en que: *«Hay ciertos efectos significativamente globales en esta base de datos que no pueden ser explicados razonablemente mediante un análisis selectivo o múltiple»* y que *«los resultados han sido reproducidos por varios investigadores diferentes»*.

Ninguno de estos puntos se reconoce en el informe del Comité, que, sin embargo, también solicitó un informe del fondo de Harris y Rosenthal para establecer un análisis metodológico comparativo de las cinco áreas polémicas. Harris y Rosenthal notaron que, de estas áreas, sólo el Ganzfeld estudia regularmente y reúne los requisitos básicos de un plan experimental legítimo.

Dados los diversos problemas o fallos señalados por Hyman y Honorton, podríamos estimar la proporción de exactitud obtenida de aproximadamente un tercio, cuando la proporción de exactitud esperada era de un cuarto.

Los estudios de auto-Ganzfeld

En 1983, Honorton y sus colegas comenzaron una nueva serie de estudios de Ganzfeld diseñados para evitar los problemas metodológicos que habían identificado en los primeros estudios. Estos estudios obedecieron todas las pautas detalladas que él y Hyman habían publicado después en su comunicado oficial de la Junta. El programa continuó hasta septiembre de 1989, cuando la carencia de fondos obligó al laboratorio a cerrar. Las mayores innovaciones de los nuevos estudios eran el control mediante una computadora y la introducción de películas de vídeo para crear los estímulos designados.

Método

El plan básico de los estudios de auto-Ganzfeld era igual al descrito antes:

1. El receptor y el remitente se mantenían en cámaras separadas, aisladas acústicamente.
2. Después de un período de catorce minutos de relajación progresiva, el receptor sufría el estímulo del Ganzfeld mientras describía sus pensamientos e imágenes más importantes durante treinta minutos.
3. Entre tanto, el remitente se concentraba en un blanco seleccionado al azar.
4. Al final del período, al receptor se le mostraban cuatro estímulos y, sin saber cuál de los cuatro era el

blanco designado, tasaba cada estímulo por su similitud con el objeto visto en su mente.

Los blancos consistían en 80 imágenes (estáticas) y 80 segmentos de vídeo complementados con banda sonora (blancos dinámicos), todo grabado en videocasete. Los blancos estáticos contenían dibujos, fotografías y anuncios de revista, mientras que los blancos dinámicos constaban de citas, anuncios de televisión y dibujos animados, con una corta duración. Los 160 blancos se colocaron en grupos de cuatro blancos estáticos o cuatro dinámicos cada uno, procurando minimizar cualquier similitud entre los blancos dentro de un juego.

Selección y presentación

El vídeo que contiene los blancos grabados se unió a la computadora para que lo controlase. Se seleccionó el blanco y reguló toda la presentación enviada al remitente durante el período, eliminando así la necesidad de que un experimentador acompañara al remitente. Después del periodo, la computadora eligió al azar cuatro secuencias y las presentó al receptor en un monitor de televisión para que las juzgase. El receptor se acostumbró a este juego de la computadora y evaluó los cuarenta blancos mostrados. El receptor podía entonces cambiar las evaluaciones repetidamente hasta que estuvieran satisfechas. La computadora escribía estos y otros datos. Llegado a este punto, el remitente y el receptor revelaban entre sí su identidad al experimentador.

Los objetos elegidos

La selección al azar del blanco y la secuencia de la prueba fueron controladas por un generador de números al azar unido a la computadora. La extensa comprobación confirmó que el generador estaba proporcionando una distribución uniforme de valores a lo largo de la prueba.

Detalles adicionales

Los cuartos del receptor y el remitente estaban perfectamente aislados, y las cámaras eléctricamente cerradas con sólo una puerta de acceso que podría ser supervisada continuamente por el experimentador. Había comunicación bidireccional entre el experimentador y el receptor, pero ninguna con el cuarto del remitente; así, ni el experimentador ni el receptor podrían supervisar los eventos dentro del cuarto del remitente. Los archivos grabaron cada sesión en una cinta de vídeo que contenía los comentarios del receptor durante el período Ganzfeld y todos los intercambios verbales entre el experimentador y el receptor a lo largo del experimento.

El protocolo Ganzfeld automatizado ha sido examinado por varios parapsicólogos y una docena de investigadores de otros campos que fueron incluidos por ser críticos muy conocidos de parapsicología. Muchos han participado en otros asuntos o como observadores y todos han expresado satisfacción con el manejo de los problemas de seguridad y control.

Los magos

Se ha instado a menudo a parapsicólogos para que empleen a magos como consultores a fin de asegurar que los protocolos experimentales no son vulnerables, lo mismo que para evitar que entre información inadvertida o para reflexionar sobre posibles timos. Dos de los magos mentalistas, aquellos que están especializados en leer el pensamiento y que conocen la simulación de la telepatía, han examinado el sistema auto-Ganzfeld y el protocolo. Ford Kross, un mentalista profesional y funcionario de la organización de profesionales mentalistas, manifestó lo siguiente en un escrito: «*En mi capacidad profesional como mentalista, he repasado la investigación de diversos laboratorios en los cuales se trabaja con el sistema automatizado Ganzfeld y he encontrado que proporciona una excelente seguridad contra fallos y pruebas falsas.*»

Daryl J. Bem también ha trabajado como mentalista durante muchos años y ha sido miembro de la Asociación de Psíquicos. También hizo una visita al laboratorio de Honorton, donde le pidieron que examinara el protocolo de la investigación desde la perspectiva de mentalista, psicólogo e investigador en la telepatía. Innecesario decir que la valoración fue igualmente extraordinaria.

ESTUDIOS EXPERIMENTALES

En total, 100 hombres y 140 mujeres participaron como receptores en 354 sesiones durante un programa de investigación. Los participantes tenían una edad entre 17 y 74 años, con una educación académica media. Ocho experimentadores separados, incluso Honorton, dirigieron los estudios.

El programa experimental incluyó tres pilotos y ocho estudios formales. Cinco de los estudios formales emplearon participantes novicios que sirvieron como receptores en una sesión cada uno. Lo siguiente son tres estudios formales que se usaron en participantes experimentados.

Estudio piloto

El estudio 1 comprendía 22 sesiones y se efectuó durante el desarrollo inicial para probar el sistema auto-Ganzfeld.

El estudio 2 comprendía 9 sesiones que probaban un procedimiento en que el experimentador, en lugar del receptor, servía como juez al final de la sesión.

El estudio 3 comprendía 35 sesiones y servía como práctica para participantes que habían completado un número repartido de sesiones y que poseían ya suficiente experiencia para un Ganzfeld adicional. Este estudio también incluyó varias sesiones demostrativas.

Estudios novicios

Los estudios 101-105 estaban diseñados para probar a 50 participantes que no habían trabajado en ningún experimento Ganzfeld anterior. Cada participante servía como receptor en una sola sesión. El estudio 104 incluía a 16 de 20 estudiantes reclutados en la Escuela Juilliard de la ciudad de Nueva York con probada capacidad artística. El estudio 105 se hizo para acomodar a la gran cantidad de participantes que habían sido reclutados para el estudio 104, incluso los cuatro estudiantes de Juilliard restantes. El tamaño de la muestra para este estudio se había pensado para 25, pero solamente se habían completado seis sesiones cuando el laboratorio cerró.

Dividimos las 56 sesiones de los estudios 104 y 105 en dos partes para un mejor control, comprendiendo a los 36 participantes que no eran de Juilliard.

Estudio 201

Este estudio se diseñó con el resto de los participantes más prometedores de los estudios anteriores. El número de ensayos llegó a 20, pero sólo siete sesiones con tres participantes se habían completado cuando cerró el laboratorio.

Estudio 301

Este estudio fue diseñado para comparar los blancos estáticos y dinámicos. El tamaño de la muestra se hizo para 50 sesiones y con 25 participantes experimentados que cada uno servía como receptor en dos sesiones. Desconocido para los participantes, el programa de la computadora fue modificado para asegurar que cada uno tuviera una sesión con un blanco estático y una con un blanco dinámico.

Estudio 302

Este estudio fue diseñado para examinar un juego dinámico que había proporcionado una gran cantidad de aciertos en los estudios anteriores. El estudio involucró a participantes experimentados que no habían tenido experiencia anterior con este juego en particular, y cada uno sirvió como receptor en una sola sesión. El plan requería que tenían que completarse 25 sesiones con cada uno de los blancos, pero se habían completado sólo 15 sesiones cuando el laboratorio cerró.

Los 11 estudios simplemente descritos comprenden todas las sesiones dirigidas durante los seis y medio años del programa.

RESULTADOS

Proporción de aciertos

Como en los primeros análisis, las evaluaciones fueron analizadas contando la proporción de aciertos lograda y calculando la probabilidad entre el número observado de aciertos comparados con la expectativa de oportunidad. 240 participantes trabajaron en 354 sesiones, aunque por diversas razones el número de sesiones analizadas fue de 329.

En la muestra 1 hubo 106 aciertos en las 329 sesiones, una proporción de aciertos del 32 por 100, con un 95 por 100 de seguridad entre el 30 y el 35 por 100.

Considerando las sesiones juntas, con participantes principiantes del estudio 101-105, rindió una proporción de aciertos del 32,5 por 100, que no es significativamente diferente del 31,6 por 100 de los aciertos logrados por participantes experimentados en los estudios 201 y 301. Y finalmente, cada uno de los ocho experimentadores también logró una gran cantidad de efectos positivos.

La muestra de Juilliard

Hay varios informes en la literatura sobre la relación entre la creatividad o habilidad artística y la actuación telepática. Para explorar esta posibilidad, se reclutaron 10 varones y 10 mujeres de la Escuela de Juilliard, de los cuales 8 eran estudiantes de música, 10 estudiantes de arte dramático y 2 de baile. Cada uno sirvió como receptor en una sola sesión en los estudios 104 o 105. Estos estudiantes lograron una proporción de aciertos del 50 por 100, una de las cinco proporciones más altas conseguidas nunca. **Los músicos tuvieron particularmente éxito identificando sus blancos**: 6 de los 8 (75 por 100).

Tamaño del estudio y del efecto

Hay una correlación negativa significativa en los diez estudios entre el número de sesiones incluido en un estudio y el tamaño de los efectos. Esto nos recuerda el descubrimiento de Hyman relativo a que era muy probable que los estudios pequeños en el banco de datos del Ganzfeld original informaran de resultados significativos a efectos estadísticos. Él interpretó este hallazgo como una evidencia hacia el prejuicio de que los estudios pequeños no logran resultados importantes.

Un crítico sugirió que la correlación negativa pudiera reflejar un efecto de declive en el que **las primeras sesiones de un estudio tienen más éxito que las sesiones siguientes**. Si existe semejante efecto, entonces los estudios con menos sesiones mostrarían efectos mayores porque en ellos acabaría antes el declive. Para verificar esta posibilidad, computamos las correlaciones entre los aciertos y los fallos en una sesión dentro de cada uno de los diez estudios.

Estudio 302

Todos los estudios, excepto el 302, probaron un total de 160 blancos estáticos y otros tantos dinámicos. En el estudio 302 se probó solamente un juego de blancos dinámicos que había rendido una proporción de aciertos particularmente alta en los estudios anteriores. Las cuatro escenas de la película en este juego consistían en una escena de un mar de fondo obtenida de la película «Titanic», una escena de sexo violento de «La naranja mecánica», una escena de serpientes arrastrándose en un documental de televisión y una escena de dibujos animados de «Bichos».

El plan experimental de este estudio requería continuar con estas imágenes hasta lograr 15 aciertos. Desgraciadamente, la terminación prematura de este estudio a las 25 sesiones dejó un desequilibrio en la frecuencia con la cual cada escena había servido como blanco. Aun así, la proporción de aciertos observada fue del 64 por 100, y podría ser aún mayor si se hubiera completado.

Hay que destacar que imaginar el agua es algo que frecuentemente ven los receptores en las sesiones de Ganzfeld, mientras que la imaginación sexual raramente se informa.

También pudiera ser que **algunos participantes no desean informar de sus visiones sexuales**, bien por vergüenza o por miedo a ser excluidos. Si una visión que contiene algo popular, como el agua, aparece frecuentemente como un acierto, más que una visión impopular como el sexo, se debería tener esto en cuenta para no buscar deliberadamente prejuicios en las contestaciones. Y, como ya hemos dicho, **la visión del mar de fondo aparecía frecuentemente más veces que la del sexo**.

Dinámicos vs. estáticos

Los diversos estudios nos plantean la pregunta de si los blancos dinámicos son, en general, más eficaces que los blancos estáticos. Esta posibilidad también fue sugerida por los primeros análisis que revelaron que empleando blancos de múltiples imágenes (generadas con un estereoscopio) se obtuvieron proporcionalmente más aciertos que cuando se usaban blancos de una sola imagen. Parece ser que **agregando movimiento**, especialmente si se emplea alta tecnología para ello, **se consiguen óptimos resultados**.

Los diez estudios de auto-Ganzfeld que elaboraron al azar tanto imágenes dinámicas como estáticas, en un total de 164 sesiones con blancos dinámicos y 165 sesiones con blancos estáticos, consiguieron un 37 por 100 de éxito en los dinámicos y un 27 por 100 en los estáticos.

Correlaciones entre las características de los participantes

La mayoría de los participantes de auto-Ganzfeld era creyentes de la telepatía. Sobre una marca de 7 puntos, en la cual el 1 era el escepticismo puro, y el 7 la creencia fuerte, sólo dos participantes tasaron su creencia debajo del punto medio de la escala. Además, el 88 por 100 de los participantes informaron que habían tenido experiencias personales sugestivas de telepatía, y un 80 por 100 tenía poco entrenamiento en la meditación u otras técnicas que reclaman un enfoque interior de atención.

Todas éstas parecen ser variables importantes. La correlación entre la creencia en la telepatía y la actuación en las pruebas es uno de los hallazgos más consistentes en la literatura de la parapsicología. Y dentro de los estudios de auto-Ganzfeld, la actuación exitosa del novicio y su posterior mejora en la medida en que siguen las pruebas demuestran que **la telepatía es tanto un aprendizaje como una cualidad**, tal como ocurre con el resto de las virtudes humanas.

El rasgo de la personalidad extravertida también es asociado con una actuación en telepatía. Un análisis de 60 estudios independientes con casi 3.000 pruebas reveló una correlación positiva pequeña pero fiable entre la extraversión y la actuación telepática, sobre todo en estudios en los que se usaron métodos de libre contestación empleados en los experimentos Ganzfeld. También, y eso ya lo hemos mencionado antes, **hay una relación entre la actuación telepática de éxito y la creatividad o habilidad artística**.

Discusión

«Los experimentos de Honorton han producido resultados intrigantes. Si los laboratorios independientes pueden producir resultados similares con las mismas relaciones y con la misma atención a la metodología rigurosa, la parapsicología puede haber dejado atrás finalmente su cantera huidiza.»

Problemas de repetición

Como aseguran los comunicados de Hyman, el auto-Ganzfeld estudiado por ellos no puede satisfacer todos los requisitos para que las repeticiones puedan ser efectuadas por la mayoría de los investigadores.

No obstante, esos estudios cumplen esencialmente con la metodología, estadística e información basadas en las normas universales. No es necesario que los estudios sean automatizados o que se necesite un complejo y costoso instrumental para poder reproducir los estudios de auto-Ganzfeld. Para satisfacer las pautas metodológicas lo más importante es la seriedad.

Estadística de poder y repetición

Uno de los fallos habituales es que los investigadores olvidan los requisitos necesarios para poder reproducir los resultados. Aunque muchos psicólogos académicos no creen en la telepatía, muchos creen al parecer en milagros cuando efectúan una repetición. Kahneman propuso el problema siguiente a sus colegas en las reuniones de la Agrupación de Psicología Matemática y la Asociación Psicológica Americana:

«Suponga que ha ejecutado un experimento con veinte asuntos y ha obtenido un resultado significativo que confirma su teoría. Ahora tiene un motivo para ejecutar un grupo adicional de diez asuntos. ¿Cree usted que la probabilidad es que los resultados sean similares o aun mejores?» La estimación era de un 85 por 100 de respuestas favorables, aunque la verdad es que apenas llegarían a un 48 por 100 de realidad.

Como Rosenthal ha advertido: *«Dados los niveles estadísticos en que normalmente operamos, no tenemos ningún derecho para esperar la proporción de resultados significativos que esperamos, aun cuando obtengamos efectos muy reales e importantes.»* Sobre esta consideración es de nuevo muy instructivo considerar el estudio médico que encontró efectos muy importantes con la aspirina en la incidencia de ataques cardíacos. El estudio supervisó más de 22.000 casos y si los investigadores hubieran supervisado 3.000, habrían tenido menos oportunidades de encontrar hallazgos importantes.

Por ello, las perspectivas para reproducir el efecto Ganzfeld con éxito no son muy altas, pues probablemente los resultados reales fueran más austeros. Si la verdadera proporción de éxitos es de hecho aproximadamente de un 34 por 100, cuando se espera un 25 por 100 por casualidad, entonces un experimento con treinta ensayos sólo tiene aproximadamente una oportunidad entre seis de hallar un efecto significativo. Las pruebas más contrastadas otorgan una oportunidad de uno a tres.

La recomendación es que se efectúen al menos cien ensayos para lograr un 50 por 100 de hallazgos importantes, aunque otros datos nos aseguran que solamente dos de cada once estudios de auto-Ganzfeld rindieron resultados interesantes.

Importancia del tamaño o el efecto

Sin embargo, la discusión precedente es excesivamente pesimista, porque **perpetúa la tradición de rendir culto a los grandes resultados**. Lo que se puede sugerir es que se logre un efecto importante con una firme metodología de Ganzfeld, sin importar si se puede reproducir varias veces. Esta sugerencia puede parecer opuesta a la intuición, aunque es apoyada por Tversky y Kahneman. Ellos pidieron a algunos de sus colegas que ejecutasen quince asuntos para lograr resultados significativos. Otro investigador intenta reproducir el procedimiento con el mismo número de asuntos y obtiene un resultado en la misma dirección, pero con un valor poco importante. Finalmente, Tversky y Kahneman les pidieron entonces a sus colegas que indicaran el nivel más alto de repeticiones necesarias para lograr buenos resultados.

El tamaño del efecto aumentado al máximo

En lugar de intentar conseguir efectos cada vez mayores, se podría intentar lograr un gran efecto con unas variables intelectualmente asociadas con resultados exitosos. Así, los investigadores que deseen reforzar las oportunidades de repetición con éxito deben usar blancos dinámicos en lugar de estáticos.

Hay dos datos importantes para lograr resultados: Se ha comprobado que **los estudiantes de psicología escogidos al azar no constituyen las personas adecuadas para los experimentos**, del mismo modo que el clima social creado hacia los experimentos de telepatía es un crítico determinante para el éxito o fracaso.

El problema de las variables

Esta advertencia sobre el clima social de los experimentos Ganzfeld fue detectada por un crítico y descrita como un inconveniente que debilita la hipótesis de la telepatía: *«Si Bem y Honorton han logrado numerosos éxitos manteniendo un ambiente social favorable, el fracaso de un experimento puede ser inducido igualmente con la mala acogida social.»*

Esto es cierto y desearíamos que fuera diferente. Pero el funcionamiento de variables desconocidas ocasiona éxitos moderados en las repeticiones y esto es un hecho en todas las ciencias. Por ejemplo, y según un artículo publicado en la revista *Spence,* cuando se repasaron los estudios que prueban la sinceridad de Hullian, se conoció que **la ansiedad por lograr buenos resultados condiciona fuertemente las pruebas**.

Esta hipótesis ha podido ser comprobada en el 94 por 100 de las pruebas efectuadas en el laboratorio de la Universidad de Iowa, pero sólo en el 63 por 100 de los laboratorios de otras universidades menos populares. De hecho, Kimble y sus socios en la Universidad del Duke y la Universidad de Carolina del Norte obtuvieron resultados opuestos en dos de tres experimentos.

Buscando una explicación, *Spence* publicó que *«en los estudios de Iowa se hizo un esfuerzo deliberado para proporcionar en el laboratorio condiciones que agudizasen la emotividad. Así, el experimentador fue elegido por ser impersonal y bastante serio y que no intentaba poner su criterio o gustos en el proceso»*. Es más, añadieron: *«Existe la posibilidad de que los fondos culturales de los estudiantes del sur y del norte puedan aportar alguna diferencia en la manera en que responden a los diferentes objetos e imágenes mostradas.»* Si éste también fuera un problema habitual en las áreas de investigación establecidas como clásicas, entonces la sugerencia de que el clima social del laboratorio no afecta totalmente al resultado de los experimentos de Ganzfeld sería un error. De ser así, nadie podría justificar de esta manera sus fracasos.

Lo que deben hacer los investigadores es comunicar sus conocimientos sobre las condiciones experimentales idóneas, en un esfuerzo para lograr crear un clima adecuado. Con suerte, esto podría ser incluido junto con el entrenamiento directo o mediante vídeos de las sesiones reales. Si no se dispone de éstos, **habría que hacer una descripción detallada de los procedimientos más fiables**, con el fin de crear un ambiente social favorable.

Consideraciones teóricas

En este punto, la mayoría han confiado sus conclusiones a materias estrictamente empíricas. Han visto con agrado que se puede establecer la existencia de un fenómeno, anómalo o no, antes de intentar explicarlo.

La psicología de la telepatía

Intentando entender la telepatía los parapsicólogos han empezado practicando su funcionamiento mediante mecanismos improvisados, al gusto de cada experimentador, con sistemas más familiares y teniendo en cuenta otros fenómenos psicológicos. En particular, asumen que esa información que llega al receptor se comporta como un estímulo de los sentidos que se procesan luego de una forma similar.

La importancia de un buen remitente

En contraste con toda la información existente sobre el receptor en los experimentos, apenas hay documentación sobre las características de un buen remitente o sobre los efectos de la relación del remitente con el receptor. Como se ha mostrado, la eficacia de los experimentos podría reforzarse cuando el remitente y el receptor son amigos, aunque **no se sabe quién de los dos es más importante**.

Varios parapsicólogos han considerado la hipótesis más radical de que el remitente ni siquiera debe ser un elemento necesario en el proceso de la telepatía. Pero es difícil que llegue un mensaje si no existe un emisor, sea humano o material, y además la propia esencia de la telepatía se vendría abajo, pues se trata de la comunicación mental entre dos personas. Se trata indudablemente de una comunicación anómala entre dos individuos; sin embargo, si el receptor está recogiendo la información de algún modo del propio asunto, deberíamos denominarlo como clarividencia, y en este caso la presencia del remitente no sería necesaria ni pertinente.

En el momento de su muerte, Honorton estaba planeando una serie de estudios que compararían las emisiones efectuadas por remitentes predestinados y otros en los cuales no existía remitente deliberado, aunque indudablemente alguien debería enviar el mensaje.

En una revisión se hicieron doce estudios con un promedio de 33,5 sesiones dirigidas por siete investigadores. El volumen de aciertos fue del 29 por 100, pero este pequeño porcentaje no alcanza importancia estadística. No hay entonces, hasta ahora, ninguna evidencia firme para que se pueda efectuar la telepatía en ausencia de un remitente.

La física

Teorizar y discutir simplemente sobre la telepatía no soluciona el rompecabezas ni aclara definitivamente los interrogantes, agudizando aún más su incompatibilidad con nuestro modelo conceptual actual de realidad física. Los parapsicólogos difieren ampliamente entre sí en su forma de teorizar a este nivel, pero todos entrenan con métodos alejados de la física o diseñando nuevas teorías sobre los fenómenos psíquicos. Sólo algunas de estas teorías forzarían una revisión radical en nuestra concepción actual de la realidad física.

Aquellos que siguen los debates contemporáneos en física moderna, sin embargo, serán conscientes de que varios fenómenos de la teoría cuántica son incompatibles con nuestro modelo conceptual actual de realidad física. La teoría cuántica explica que la emisión y absorción de energía en los fenómenos periódicos no se efectúa de modo continuo, sino por saltos, en cada uno de los cuales se emite o absorbe una energía igual al producto de la frecuencia por la constante de Planck.

Otra teoría, en este caso un teorema, nos dice que cualquier modelo de realidad que es compatible con la mecánica cuántica debe permitir la posibilidad de que puede ponerse en correlación con los resultados de observaciones en dos situaciones arbitrariamente distantes.

Varios otros modelos de realidad han sido propuestos por filósofos y físicos, y algunos claramente entran en conflicto con la telepatía, otros lo permiten y algunos lo requieren realmente. Así, y siguiendo con la teoría, algunos parapsicólogos creen que uno de los modelos más radicales de realidad compatible con la mecánica cuántica es la telepatía y será así considerado en el futuro. Cuando esto ocurra, los fenómenos de telepatía dejarán de ser anómalos.

Pero nosotros hemos aprendido que toda charla similar provoca en la mayoría de nuestros colegas en psicología y en física un rechinar de dientes y sonrisas, por lo que es mejor no mezclar a la física con la telepatía, al menos de momento.

El escepticismo

En términos más generales, hemos aprendido que en nuestros colegas la tolerancia para cualquier tipo de teoría sobre la telepatía está fuertemente determinada por el grado en que les hemos convencido sobre los datos mostrados anteriormente. Hemos aprendido que sus diversas reacciones a los datos de los experimentos están fuertemente determinadas a priori por las creencias y actitudes hacia varios problemas bastante generales: algunos científicos, otros sociales. De hecho, varias estadísticas demuestran que la hipótesis tradicional que prueba métodos usados en las ciencias conductistas (la que observa el comportamiento o la conducta del ser, sin recurrir a la conciencia o a la introspección) debe abandonarse a favor del análisis Bayesian, que tiene en cuenta a una persona según sus creencias y comportamiento.

A VUELTAS CON GANZFELD

El método Ganzfeld (del significado alemán «campo entero») es una técnica que fue usada primero en parapsicología por tres investigadores: William Braud, Chuck Honorton y Adrian Parker, todos ellos trabajadores independientes entre sí. Está basado en el principio de la suspensión de las sensaciones externas o cualquier estímulo que pueda alterar o coaccionar la imaginación mental de los participantes.

El papel del experimentador en un experimento Ganzfeld

El cuarto del experimentador es adyacente al receptor, y tiene un sistema de audio bidireccional unido que le permite oír y hablar con el receptor. Sin embargo, ninguno de los dos tiene comunicación con el remitente y ambos permanecen aislados hasta que la sesión ha terminado.

El experimentador tiene acceso al equipo que controla la presentación audiovisual, aunque, como la mayoría del procedimiento está bajo el control de una computadora, su papel principal es anotar lo que informa el receptor.

El papel del receptor en un experimento Ganzfeld

El receptor se sitúa en un cuarto aislado y sólo tiene contacto con el experimentador mediante el sistema de audio antes mencionado. Este cuarto posee un doble aislamiento, visual y acústico, y ningún sonido o vibración pueden oírse allí ni sentirse procedentes del cuarto del remitente.

Para evitar añadidos al estímulo visual, sobre los ojos del receptor se colocan unas lentes ovaladas (huevos) de acetato translúcidas y el cuarto se ilumina con una luz roja suave. Se les pide a los receptores que protejan sus ojos con gafas especiales que les proporcionen un campo visual homogéneo.

Detalles importantes

- El diseño del auditorio debe evitar añadir estímulos de ruido blanco, algo así como la electricidad estática de la radio, a través de los auriculares.
- El estímulo táctil está reducido situando al receptor reclinado en una silla cómoda y realizando ejercicios de relajación para reducir la tensión muscular.
- El receptor permanece en el Ganzfeld durante aproximadamente treinta minutos, informando por el micrófono sobre cualquier imaginería mental, pensamientos o sensaciones corporales que experimenten.
- Después del período habitual, el experimentador repasa las impresiones del receptor con él, recordando sus experiencias.
- El receptor se quita entonces sus gafas y muestra en el monitor cuatro posibles blancos, uno de los cuales es el blanco real de la sesión y los otros tres señuelos. El receptor y/o un juez independiente tasa cada uno de los cuatro blancos según el grado de similitud con las impresiones. Una sesión de éxito es cuando el blanco real recibe la evaluación más alta.
- Como solamente se puede escoger uno de los cuatro blancos, pues solamente uno es el correcto, una estadística mal aplicada nos daría un porcentaje del

25 por 100, aunque la realidad es que el porcentaje puede ser del 100 por 100.

La selección del objeto

- El blanco es seleccionado por una computadora controlada por un programa usando un algoritmo de seudoazar.
- Hay un monitor que muestra posibles blancos; cada uno contiene cuatro escenas de vídeo seleccionadas para que sea más difícil acertar. La computadora selecciona una visión, y dentro de ella aísla una parte que será el blanco.
- El programador del vídeo también está aislado acústicamente en un cuarto separado.
- Se usan dos cintas de vídeo idénticas y una persona elige al azar una de las imágenes, que será la designada para el remitente, más otras tres como señuelo. Esto asegura que nadie sepa de antemano las señales que llegarán finalmente al receptor.

El papel del remitente

- El remitente está en un cuarto distante del receptor y el experimentador.
- El remitente mira una escena de vídeo repetidamente en un monitor de televisión, con el sonido llegando por los auriculares. El intento es relevar al receptor la información contenida, así como los sentimientos asociados con las escenas.
- Aunque el remitente puede oír lo que el receptor dice, puede modificar su «estrategia» si es necesario, pues no hay ningún otro eslabón exterior. El remitente está completamente aislado y no puede comunicar con ninguna otra persona el experimento.

PREGUNTAS SOBRE LA TELEPATÍA

¿La telepatía es una señal o algo que se percibe?

La telepatía supone importar una comunicación, algo que los primeros investigadores lo definían como «percibir telepatía». Éstos decidieron definir ciertos tipos de experiencias de telepatía que usan términos como: transferencia del pensamiento, clarividencia y empatía.

¿Siempre se perciben los mensajes como visiones en el cerebro?

La telepatía se expresa de varias maneras, pero los fenómenos tienen que ser entendidos en su conjunto. Puede describirse la comunicación de telepatía como usar sentimientos, sensaciones e imágenes. Es el cerebro del receptor que aprende a asociar, posiblemente incluso las palabras, con una sensación particular que la imaginación traduce en señales concretas.

¿Se tarda mucho en aprender esta técnica?

Se puede tardar años en adaptarse a la telepatía, aunque normalmente no pasa así. Con el paso de los años las diversas experiencias parecen algo habituales para aquellos que las tienen. De alguna manera, la telepatía, y otras experiencias paranormales, son facultades muy individuales, tanto como lo es la personalidad o las huellas dactilares.

¿Se da con frecuencia en personas con problemas mentales?

La telepatía es uno de los síntomas que pueden indicar un desorden mental, o al menos así ha sido considerada por quienes no poseen esta facultad. En una sociedad que promociona la colectividad y el trabajo en grupo, en detrimento de la individualidad y la personalidad, no es extraño que los que poseen poderes telepáticos sean considerados como enfermos mentales.

¿Se nace con estas facultades?

Una persona que ha vivido de niño en un ambiente que no era el ideal, quizá porque uno de sus padres no era correcto con él, tiende a acumular frustración y enojo desde su niñez en un área de su cerebro o quizá desarrolle una particular «red nerviosa». A los veinticinco años, aunque esto puede variar de una persona a otra, el cerebro joven que todavía se está desarrollando es ya muy diferente a los demás y ese desarrollo nervioso diferente puede conducirlo a que sienta cosas que otros nunca podrán percibir. **Si esa persona dotada de facultades especiales cae en buenas manos, su inteligencia y facultades se potenciarán**; en caso contrario, y si es catalogado como «conflictivo» o «raro», puede que termine con un serio problema emocional.

¿Cómo se puede ayudar a una de estas personas?

Simplemente admitiendo que la diversidad del carácter humano es infinita y **no catalogando como anómalo a todo aquel que no siente como la mayoría**.

¿Es la telepatía una descarga de energía?

Para algunos es un mecanismo más del sistema defensivo natural que se puede estropear si los pensamientos internos son muy fuertes y no encuentran una válvula de escape. Estos pensamientos seguramente son descargas de la energía emocional acumulada en la red nerviosa, que están intentando encontrar una «casa» dentro del armazón psíquico.

¿Pueden desequilibrar a la persona estas prácticas?

Debido a la naturaleza de tales emociones, el cerebro no quiere asociar éstas con las imágenes que las causaron, y cada parte del cerebro se protege contra esa red nerviosa. El resultado es que la red nerviosa intenta encontrar una manera de ser aceptada y si la psique entiende en ese momento qué es la telepatía, entonces encontrará una manera perfecta para liberar la tensión interna. En algunos casos esto funcionará bien, pero en otros que no contemplan o no conocen esta probabilidad, entrarán posiblemente en confusión o enfermedad mental. Quizá el mejor consejo para un individuo que se halla en semejante situación es consultar a su médico o psicólogo.

¿Qué ventajas proporciona la práctica de la telepatía?

En una persona que se adapta bien a la telepatía, **le servirá como catalizador para estar bien en la vida** y quizá le suponga una forma de expresión y tranquilidad imposibles de lograr por otros métodos.

¿Cómo podemos contactar con grupos afines?

La telepatía, por definición, no implica la necesidad de practicarla, aunque se percibe pronto. Una vez que usted empieza a darse cuenta de la telepatía y su cerebro se adapta, tarde o temprano descubrirá un grupo con el cual puede coordinar y puede manejar su talento. Es improbable que consiga averiguar rápidamente qué grupo de personas de su medio social es como usted y con quién está actuando recíprocamente, pero seguramente un día encontrará su lugar. Lo que es esencial para su cerebro es trabajar dentro del contexto de un ambiente de grupo, pues así evitará efectuar ejercicios de imaginación o preguntarse por la razón de sus «poderes» o sentimientos. Con el trabajo en grupo, por su naturaleza, al igual que un niño aprende sobre la vida, usted conseguirá adaptarse a sus facultades, las mejorará y, especialmente, nunca se sentirá un «bicho raro».

¿Cómo se adapta una persona a la telepatía?

Depende. Algunas personas tienen aptitudes y habilidades diferentes a otros. Cómo se adapta una persona puede variar significativamente. En un grupo de telepatía, algunas personas pueden visualizar una interacción de telepatía muy correctamente, mientras que otras son conscientes de esta interacción viendo en el ojo de su mente un pedazo blanco de papel con palabras claves diferentes que llevan la naturaleza de la interacción.

¿Cómo se aísla la telepatía de la imaginación?

Una interacción de telepatía tiene que ser diseñada y desarrollada. Una manera de lograr esto está en usar recuerdos de la vida reales e imágenes. Éstos pueden combinarse para diseñar un «mundo virtual» rico en «escenas» diferentes. Si un grupo de telepatía tiene personas con olfato artístico, las escenas posibles de lograr pueden ser tan deleitables como un cuento de hadas. Cuando se desarrollan tales escenas, pueden usarse una y otra vez en los recién venidos al grupo.

¿Dónde se forma la imagen telepática?

La telepatía no es tan estática como nuestro ambiente físico. Para entender por qué es así, necesita tener una visión en el cerebro humano. Nuestro cerebro no está solo, pues esencialmente existen dos cerebros distintos, izquierdo y derecho. Ambos trabajan juntos, por supuesto, pero tienen tareas diferentes. Después de un tiempo de usar escenas de telepatía particulares, la imaginación, que en la mayoría de nosotros se forma en el hemisferio cerebral derecho, se adapta y lleva a los sentimientos hasta la izquierda del hemisferio cerebral. Eso significa visualizar algo intensamente, sea una escena en particular o algo plagado de sentimientos. Cuando sucede esto, tienen que desarrollarse algunas nuevas escenas para lograr una buena visualización.

¿La imagen es estática o dinámica?

La telepatía es igual que la dinámica del ambiente, no estática. El ambiente debe cambiar por su propia naturaleza. Los principios centrales siempre permanecen iguales, pero con un poco de destreza podremos visualizar una secuencia coordinada de imágenes y sensaciones.

¿Todos tenemos las mismas respuestas?

Otro factor importante es que todas las personas son diferentes, ligeramente, entre sí. Cada cerebro humano es diferente en apariencia, así como lo es nuestra cara. La única excepción son los gemelos genéticos naturales. Estas diferencias son las que hacen que podamos formar emociones ligeramente diferentes durante una interacción de telepatía y dependerá también de lo que nos guste o detestemos.

Usted puede preferir visualizar dibujos animados en la mente y no escenas de la vida real. Su cerebro sabe qué estilos o escenas le gustaría ver y esos datos entran en contacto con su personalidad y pensamientos, determinando lo que desea experimentar. Por eso **las pruebas de telepatía no pueden ser reproducidas con facilidad en diferentes grupos de personas** e incluso pueden variar en una misma persona, lugar y día.

¿Es esencial saber con quién nos estamos comunicando?

Esto no es posible saberlo y por eso algunas personas creen que en realidad se comunican con un espíritu o ángel guardián. El obstáculo es que cada persona almacena los datos en su cerebro de modo dispar y siente la vida igualmente de forma distinta. Podemos tener ideas concretas sobre edificios o automóviles, pero todavía no somos capaces de transferir un número de teléfono.

¿Podemos transmitir sentimientos o sensaciones?

Esto parece ser algo habitual, pero quizá no tenga nada que ver con la telepatía.

¿Es posible comunicar nuestra posición a alguien?

A menos que usted esté muy avanzado en las prácticas y posea cualidades innatas, le será muy difícil llevar a alguien a donde está usted físicamente.

¿Podemos transmitir algo nuevo?

Podemos introducir una interacción de telepatía entre nosotros y la imagen de la Estatua de Libertad, por ejemplo;

pero eso es posible en un norteamericano. Otro, en Australia, puede lograrlo mostrando la Ópera de Sydney, pues ambos poseen esta información visual fuertemente impresa en su cerebro. Llevar una imagen exacta y precisa requiere mucha habilidad, demasiada para una persona ordinaria que desea aprender telepatía como diversión, porque la considera interesante para explorar su mente o para disfrutar. Mientras algunas escenas bonitas incluso pueden ser logradas por los principiantes, sólo cuando intentamos funcionar exactamente dentro de la vida de otra persona es cuando conseguimos conectar con ella.

¿Es posible introducirse en la mente de la otra persona?

Lo que es más simple y puede ser divertido y exacto es determinar algo sobre lo que otra persona, que está actuando recíprocamente, está haciendo o pensando. Si durante una interacción usted recuerda haber estado con el panadero, entonces las oportunidades son altas si una de las personas en su grupo es panadero. Sabiendo esto, puede explorar algo más allá sobre el otro. Si también acostumbra a tener encuentros físicos con esa persona, el panadero, entonces puede empezar a desarrollar un ambiente privado, estableciendo a través de la telepatía sus recuerdos personales.

Si los recuerdos son muy similares, entre los dos podrían recrear una escena virtual entre usted y su amigo el panadero. Con práctica y coordinación, puede reforzar este ambiente y recrearlo en el «plano telepático» e introducir una gran diversidad. Depende de su amigo o compañero parte del éxito, pues solamente juntos pueden desarrollar interacciones de telepatía avanzadas y sofisticadas.

Claramente, los trabajos del esquema anterior funcionarán mejor si emplean el mismo juego de reglas o leyes. Cualquier grupo de telepatía apropiado esperará pacientemente y no estorbará a ninguna de las dos personas que estén tratando de definir un ambiente. La razón es que cuando dos personas encuentran una manera de trabajar juntos, el resto del grupo desea que finalicen o logren resultados muy pronto, pues quieren convencerse de la validez de los experimentos, o esperan para introducir nuevos cambios o personas. Lo importante es desarrollar un ambiente y para ello hay que ayudar a reforzarlo e introducir variaciones antes que abandonar.

Pruebas mecánicas

La sincronización entre el remitente y el receptor se puede lograr mediante un sep (pitido) electrónico, eliminando así la necesidad de que exista un agente humano entre las dos personas, y así posiblemente se logren mejores respuestas. El botón sólo se presiona cuando las señales son claras y empujando más o menos el botón o sujetándolo no se produce ninguna variación en el registro.

Este dispositivo tiene cuatro defectos conocidos:

1. El cable entre las unidades no es demasiado eficaz para mantener el total aislamiento acústico entre el remitente y el receptor. Por esta razón no se puede considerar como positiva cualquier señal fuerte.
2. Una prueba debe consistir en un número presintonizado de ensayos, pero este sistema sólo indica aciertos y fallos, y eso exige que haya un árbitro que mire y evalúe los contadores y detenga la prueba cuando se alcance un número determinado de señales.

3. Los contadores son reiniciables; esto podría permitir a una tercera persona restablecer inadvertidamente el contador de errores y lograr una proporción alta de aciertos.
4. Aunque los contadores no son visibles para el remitente, hacen un ruido distinto al grabar un acierto y un error, lo que permite al remitente, por lo menos, saber si la opción del receptor era correcta.
5. Puesto que el remitente no puede influir en la opción de blancos, esto no debe afectar al resultado pero tendría que ser eliminado por el examinador. Un plan puesto al día, todavía no construido, despliega sólo el número total de pruebas, se detiene automáticamente después de un número predeterminado, y entonces indica el número de aciertos.

Diferentes mensajes

Seleccionar uno de los diferentes eventos completamente al azar es un problema técnico interesante que no todos los experimentadores han logrado con éxito. No puede hacerse con una computadora, pues su «azar» con números está completamente predestinado. Una prueba de ello es que las diferentes loterías mundiales y la ruleta siguen siendo manipuladas a mano.

Si una computadora fuera capaz de generar ciertamente números al azar, podría igualmente predecir todo el futuro posible de números. La mejor respuesta es usar un «diodo del ruido» que genera un signo que depende del movimiento al azar de electrones. El rendimiento de semejante diodo siempre puede ponerse a tiempo en correlación hasta cierto punto, pues no puede cambiar infinitamente con rapidez, pero puede, por ejemplo, generar pulsos muy rápidos. Este número de pulsos que ocurren en un intervalo de tiempo largo puede considerarse como un azar inconstante con una amplia gama alrededor de un número. Si este número de pulsos es dividido por un número pequeño, cuatro en este caso, el resto debe ser uniformemente distribuido. Ésta es la técnica usada en la telepatía tester y es capaz de generar un millón de pulsos en un segundo.

OPINIONES DIVERSAS

Para todo hay un principio

«Yo me interesé por primera vez en los poderes telepáticos a los diez u once años cuando mi padre me dijo que mi abuela poseía probados poderes psíquicos. Me explicó que ella podía decir qué cosas estaban pasando y lo que otras personas estaban diciendo. Siempre me interesaron esas historias y hubo un tiempo en que me di cuenta que podía hacer y pensar cosas que otras personas no podían. Le pregunté a mi padre sobre mi capacidad para predecir el futuro, especialmente a través de mis sueños. Su apoyo y su interés por mis sentimientos fueron lo que me motivó a seguir indagando sobre mis poderes.

Uno de estos poderes con el cual soy bastante eficaz es con la telepatía. Mi padre también es sumamente sensible en ese aspecto y cuando habla sobre ese poder psíquico lo hace con seriedad. Por alguna razón **las personas ignorantes y los científicos ortodoxos no creen en nada que no vean**, por lo que con el paso de los años tuve que ampliar mis conocimientos mediante la lectura especializada.

Para otras personas la telepatía está asociada con un poder psíquico y esperan de nosotros que hagamos demostraciones de ello. Ése no es, indudablemente, el camino correcto, pues solamente nos ocasionaría problemas y burlas.»

Tan antigua como la Humanidad

«Se piensa que la telepatía era la forma de comunicación del ser humano antes de que existieran los idiomas. Muchos científicos nos hablan de que los seres de otros planetas, si existen, se comunican con nosotros a través de una forma perfeccionada de telepatía, concepto que ha sido incorporado a la ciencia-ficción y a la escritura de fantasía. Sea esto cierto o no, queda en el aire. Quizá un día, si somos visitados por otras criaturas, los humanos necesitaremos practicar la comunicación mental con los extraterrestres. ¡Quién sabe!, posiblemente ya hayamos establecido contacto con suma frecuencia.»

Los incrédulos

«Siempre me incomodaba cuando yo mencionaba a alguien que estaba estudiando metafísica y conseguía tener suerte en las pruebas de telepatía. Habitualmente la respuesta era una ceja levantada y un: "¡Oh! ¿Realmente? Dime entonces lo que estoy pensando ahora mismo."

La respuesta era siempre la misma y consistía en explicarle superficialmente la mecánica de la telepatía. Primero, para saber lo que alguien está pensando se necesita que realmente alguien quiera comunicar algo. **La telepatía no debe ser usada como un juego** en el cual se diga: "Usted me acierta lo que yo estoy pensando y lo creeré."

Segundo, para ser capaz de conseguir esas habilidades de leer los pensamientos, se necesitan años de práctica. Si usted está interesado en este mundo no permita que nadie le desmoralice con estos comentarios, tanto si es capaz de hacer algo como si no lo es. Ser capaz de hacer algo así lleva mucho tiempo y se necesita previamente aprender a meditar o efectuar estados de hipnosis o poder mental. Por eso los escépticos se aburren con estas cosas. **Es mejor evitar**

anunciar nuestras habilidades, pues la gente no gusta de confraternizar con quienes se sienten diferentes, pues confunden esto con el complejo de superioridad.»

Telepatía: enviar y recibir

La telepatía es bastante más fácil de dominar que otras formas de energía mental, aun cuando las herramientas científicas conocidas no puedan recoger y grabar los experimentos. Si usted ya ha tenido con seguridad experiencias telepáticas en su vida, sabrá que esto ocurría antes de comunicarlo a los demás y que no necesita la aprobación de los incrédulos.

¿Se encuentra usted frecuentemente anticipándose a los deseos de los demás? ¿Ha presentido a su alrededor la agresividad y el amor, eso que se denomina como vibraciones? Para empezar en su entrenamiento telepático, con el cual puede hacer comentarios instantáneos a esos escépticos molestos, he aquí algunas pruebas simples.

Prueba uno

Necesitará un compañero para realizar esta prueba.

1. Decida quién será el remitente y quién será el receptor. Una vez decidido, los dos deben entrar en cuartos separados.
2. Una vez allí, deberán estar callados y cerrar sus ojos. Imagine una luz luminosa (blanca o azulada según su preferencia) dirigida al centro de su frente.
3. El remitente debe dibujar un cuadro simple. El receptor se sienta con sus ojos cerrados y recibe la imagen en su mente. Después debe dibujar lo primero que vea, sin tener en cuenta sus pensamientos. Es necesario dejar fluir a la mente.

4. Una vez terminado, reúnanse y compárense los dibujos. A menudo, se asombrarán de la exactitud. Si al principio no tiene éxito, entonces intente de nuevo. Es una regla básica, pues los poderes psíquicos llevan mucho tiempo para desarrollarse.
5. A veces, las mejores imágenes para comunicarse telepáticamente son pensamientos que involucran todos los sentidos e incluso las emociones. Son más fáciles de percibir y el remitente debe poner todo su esfuerzo en lograr que el receptor reciba el cuadro.

Prueba dos

Ahora necesitará un compañero y un juego de tarjetas Zener. Si usted no las tiene, debe tratar de conseguirlas en una biblioteca. Las cinco formas son una cruz, tres líneas onduladas, un cuadrado, un círculo y una estrella.

1. Baraje sus tarjetas (veinticinco en total).
2. Cuando esté listo, pida a su compañero que coja una tarjeta y se la envíe telepáticamente.
3. Diga lo que piensa que es y haga que anote su imagen y si no coincide debe escribir también la imagen real.
4. El receptor no debe hablar una palabra hasta que todas las veinticinco tarjetas hayan pasado cinco veces. Si, durante la prueba con estas tarjetas, usted se aburre, deténgase y descanse. Forzando la experiencia no conseguirá nada bueno.

Evaluación

No debe esperar una imagen idéntica, pero sí la esencia de ella. Lo importante es el conjunto de la prueba y puede sentirse contento si logra un 25 por 100 de éxitos.

Recuerde que siempre debe guardar un registro sobre sus experiencias para saber cómo progresa. Una vez que averigüe en qué área psicológica es más fuerte, repita estas pruebas. Sepa también que si realiza la prueba con personas afines o que crean en estas técnicas, los resultados serán mucho mejores.

Averigüe su potencial

Usted ha tenido una experiencia, camina en un cuarto y siente las «malas vibraciones», o habla con una persona y percibe que está escondiendo algo o que tiene «un mal aura». En ese momento lee algo sobre los poderes psíquicos y se ríe diciendo: «¡Qué tontería!»

¿Se detuvo alguna vez a pensar si era cierto? ¿Quizá no sabía cómo mejorar? ¿O consideraba que toda la parapsicología era una farsa que se movía solamente para ganar dinero? La verdad es que posiblemente tenga un poco de poder que ha estado dormido durante años y que podrá acceder a ello con poco aprendizaje.

Finalmente, ¿se detuvo a pensar alguna vez por qué los niños colorean las cosas con muchos colores diferentes?

Hay muchos tipos diferentes de poderes psíquicos, entre ellos: ver el aura, la curación por los cristales, la clarividencia, la precognición, la telepatía, la imposición de manos, la magia, la brujería y muchos más. También nos aseguran que los humanos sólo usamos aproximadamente un 10 por 100 del poder cerebral. ¿Por qué no lo intenta?

Ciertas partes del cerebro se pueden conectar a una computadora mediante el uso de electrodos y otorgarnos un gran caudal de información que podría ser descifrado por sistemas de computadora muy sofisticados, con los que conseguiríamos leer los pensamientos del cerebro.

Ya sabemos que la NASA es la mayor organización de seguridad estatal americana y que posee los sistemas de computación más avanzados en el mundo. Si la investigación médica japonesa ya está descubriendo un sistema para conectarse directamente con la zona vocal del cerebro, es fácil suponer que la NASA pueda leer igualmente una buena cantidad de pensamientos vocales.

El escritor John St. Clair Akwei hace mención del EMF, un estímulo cerebral para supervisar el sistema nervioso (RNM). Este sistema electrónico se ha desarrollado desde los años 50 y hay quien asegura que se está empleando ampliamente contra ciudadanos.

Otro grupo en el Fort Bragg parece estar involucrado con la telepatía sintética y el uso del RMCT electrónico para aumentar las capacidades de los Boinas Verdes. Uno de los objetivos de la investigación puede ser la anulación de la conciencia en los soldados para que sean más útiles en la aniquilación de elementos subversivos internos.

Telepatía militar

En un reciente artículo publicado en *Nueva Ciencia,* se describe cómo los científicos japoneses están empezando a emplear electrónicamente ondas cerebrales para que las computadoras puedan examinar el cerebro. Esta investigación ha podido en la actualidad descifrar sólo un manojo de palabras que estaban atravesando el cerebro. Hay otras referencias, aparentemente confidenciales, sobre otro buen trabajo del ejército norteamericano que ha desarrollado medios para examinar el cerebro electrónicamente y leer la subvocalización que atraviesa la mente de la persona.

Este sistema, denominado telepatía sintética, ha sido una forma de examinar electrónicamente los cerebros de personas subversivas y una valiosa herramienta para el ejército norteamericano, que desde que comenzó la guerra fría con la Unión Soviética temía por la infiltración de los espías. También sabemos ahora de un sistema telepático sofisticado que los rusos han desarrollado usando una gama de drogas, cirugía cerebral, estímulos electrónicos y un generador psicotrónico.

No obstante, el término telepatía sintética corresponde a los norteamericanos y parece ser que ha sido perfeccionado por el ejército estadounidense. En este proceso, los signos electromagnéticos en el cerebro son de una intensidad muy débil y sólo los signos asociados con el pensamiento y el lenguaje son de interés.

Las áreas del cerebro asociadas con el habla están ya muy definidas y por consiguiente, conectando éstas con una computadora mediante electrodos, se podría conseguir el lenguaje sin la ayuda de los sonidos.

Ya sabemos que el ejército ruso desarrolló ampliamente esta tecnología y ha estado mejorando su proceso desde entonces. Las discusiones que los psicólogos occidentales tienen sobre la veracidad de la telepatía, y su conclusión sobre si existe o no, son vistas por los rusos como algo cómico.

Tan importantes fueron estas experiencias que intentaron llevarlas hasta conseguir la habilidad de causar efectos físicos. Esto asustó a los militares norteamericanos, pues temían que estas cualidades podrían desactivar proyectiles balísticos en sus silos o en vuelo, disminuyendo la capacidad disuasiva de Estados Unidos para destruir. En 1975, un ingeniero nuclear llamado Thomas Bearden recibió el encargo del ejército estadounidense para investigar en esta área de investigación rusa llamada Psychotronics. Se trataba de un grupo de investigadores que habían aumentado la capacidad telequinésica y telepática en las mentes de sus telépatas.

El RMCT

La investigación con el RMCT biofísico ha permitido descubrir los principios por los que este sistema electrónico podría trabajar. Aunque se lo ha considerado como tecnología extranjera, sabemos que ha sido empleado por el ejército norteamericano desde los años 80. La ventaja de la telepatía sintética es que puede ser empleada contra elementos subversivos sin tener que poner electrodos físicamente en sus cabezas o en sus cerebros.

El personal militar norteamericano puede haber desarrollado el uso de algunos dispositivos que llevan audiogramas que interfieren en las áreas motoras del cerebro. Esto lo consiguen por interferencia destructiva en las neuronas motoras del cerebro, del mismo modo que se hace en los sistemas de audio de un coche para lograr que el ruido ambiental no sea más audible que el musical. También es posible lograrlo sumergiendo simplemente el cerebro en una resonancia bioeléctrica de 10 Hz asociada con otro sistema análogo al bloqueador de radar. Esto induciría a la parálisis en la víctima y, combinada con la zona cerebral de memoria inmediata que inhibe los recuerdos más antiguos y condicionados, en ocasiones subversivos, se podría lograr una telepatía perfecta hacia un prisionero poniendo electrodos en su cráneo. Los dispositivos de microelectrónica plantados en el cerebro de la víctima serían entonces el próximo paso para que los experimentadores controlen y envíen mensajes telepáticos sintéticos que controlarían su comportamiento enviándole datos a su cerebro.

Telepatía sintética

Este procedimiento parece ser muy eficaz incluso a larga distancia. Una larga historia de raptos de extranjeros, después de un largo asedio, permitiría probar que la telepatía sintética física ha estado presente entre nosotros, aunque resulta difícil probarla. Hasta ahora sólo tenemos los rumores de múltiples raptos efectuados en otros países por personal del ejército norteamericano para experimentación o interrogación.

La telepatía sintética necesitaría una manera de llegar a sintonizar con los 15 Hz y 5 milivatios que existen en las emisiones de la corteza cerebral. La nueva tecnología involucra microondas de baja frecuencia y RF que han permitido construir los dispositivos que permiten explorar a través de las paredes y aparecer dentro de los cuerpos de las radiografías.

El despliegue de esta tecnología tiene por lo menos doce años de antigüedad y permitiría al personal de seguridad ver a un subversivo en su propia casa y rastrearlo a lo largo de ella. Más allá de esto, poder ver dentro de la cabeza del sospechoso permitiría que la computadora controlase, apuntando a centros del cerebro específicos, incluso cuando la persona estuviera dando una vuelta por los alrededores. Con las computadoras sofisticadas en posesión de la NASA este tipo de técnica es posible.

El próximo paso es examinar las emisiones del cerebro específicas realizadas cuando habla el sospechoso. El problema principal en esto es que el mundo que rodea a la víctima genera un inmenso fondo de ruido que anula los cinco milivatios que emite el cerebro. Por ello, solamente anulando las emisiones de ruidos ajenos sería posible mantener este enlace auditivo.

El interés en el asunto vino de la investigación que se ha estado realizando aumentando las emisiones débiles. Los signos de información débiles pueden aislarse fuera de un ruido de fondo muy grande, porque el ruido se efectúa cada uno de manera diferente y todos pueden aislarse en un ecualizador. Este método lo usan muchos técnicos de las casas discográficas para hacer sonidos paralelos de la misma fuente, y puede utilizarse para apartar los signos de poco interés. Al final, el sonido débil sería engullido por los principales o aislado a otro lugar independiente. Estableciendo referencias cruzadas con los múltiples ingresos procedentes de todos los receptores y buscando solamente signos idénticos, se puede habilitar una frecuencia en la cual sólo se escuche lo que se desea.

Después, apuntando con precisión a través de las paredes de la cabeza de la persona, y pulsada la frecuencia adecuada, se llegaría a los centros cerebrales específicos mientras el sujeto reside en su propia casa y sin que sea consciente de ello.

La investigación del doctor Ross Adey, del Hospital de Veteranos en California, descubrió que el método mejor para entrar en los signos Globin del cerebro humano es mediante una modulación del pulso de un campo de frecuencia alto. De esta manera, si hacemos converger en un mismo punto lograremos eliminar las interferencias y, al no existir resonancia parásita que pueda perturbar las emisiones cerebrales, la conexión entre ambos es posible. Puesto que los signos Globin estarían bien modulados, podría descubrirse cualquier cambio en las emisiones cerebrales.

Una versión simplista de esto sería una emisión de láser que llega camuflada al cerebro de un sujeto. Las vibraciones cerebrales causan modulaciones en el láser que pueden convertirse en signos eléctricos y de ahí pasar a sonido.

Una vez que hemos construido una biblioteca para diferir las palabras y agrupaciones de palabras, una computadora sofisticada puede empezar a descifrar las características de la emisión y traducirlas al lenguaje clásico. De esta manera pueden guardarse los pensamientos de la persona en la memoria de una computadora innovadora, preparada para el análisis por el personal de la NASA. Usando audiogramas que luego convertiremos en palabras y empleando la frecuencia adecuada, se podrán insertar pensamientos propios y adecuados en el cerebro de la persona. Esto permite la habilidad de entrar en las conversaciones con los operadores de telepatía norteamericanos, llegar hasta los enemigos potenciales o plantear palabras claves que conseguirán que el sujeto crea que la información que recibe es la adecuada.

Un general norteamericano, en 1992, dio una conferencia donde la telepatía sintética se reveló por vez primera en el mundo. El mecanismo descrito es igual y podría operar dentro de la tecnología del ejército norteamericano. La cuestión sobre la moralidad o ética reprobable de estas prácticas puede ser el único freno para el desarrollo de la telepatía sintética en una forma utilizable. De cualquier modo, ahora sigue siendo una realidad.

En conclusión, puede verse que la telepatía ha triunfado desde los primeros días de la investigación. Los telépatas rusos han realizado adelantos importantes en las esferas biofísicas y electrónicas de la investigación. Mientras, el ejército norteamericano, con toda probabilidad, tiene un sistema de telepatía sintético totalmente operativo y funcionando, que se desplegaría contra los enemigos internos como los terroristas o activistas.

Parece que sus propios pensamientos ya no pueden ser privados. Peor todavía, sus propios pensamientos podrían no ser suyos. La película «1984» de George Orwell puede haber sido una utopía comparada con el estado policiaco mental que los NWO están construyendo en nuestras narices.

ALGUNAS EXPERIENCIAS HISTÓRICAS

A lo largo de la historia, ha habido pruebas de que la lectura de la mente fue posible, aunque sólo era considerada como un fenómeno fugaz. Todos nosotros hemos tenido momentos en que hemos captado lo que estaba en la mente de la otra persona, aunque los episodios telepáticos no son reproducibles.

Muchos científicos han estado mirando la base biológica de la telepatía y hasta el ejército ha estado mucho tiempo interesado en los fenómenos paranormales. La habilidad de leer en las mentes del enemigo telepáticamente tiene un tremendo valor estratégico así como táctico, y los experimentos que se emprendieron dentro de los Estados Unidos para demostrar la telepatía, nunca fueron revelados. En la jerga militar, la telepatía se llama examinar.

Los retazos patéticos de información sobre los fenómenos telepáticos que se filtran en la comunidad científica, excepto aquellos procedentes de los institutos del Reino Unido y resto de Europa, no aportan nada bueno y con frecuencia son destructivos. Mientras que la telepatía y los OVNI no existen para la comunidad científica occidental, otras personas bien informadas dentro del Gobierno norteamericano saben desde hace tiempo que estos fenómenos son reales. Mientras, en Rusia, se siguen investigando los usos militares de la telepatía y la telequinesia.

Éstas son algunas conclusiones recientes:

1. El despliegue de estos sistemas de arma telepáticos se ha llevado a cabo desde los años 60. El fracaso

del Gobierno norteamericano para reproducir los efectos rusos en el campo biofísico los llevó a desarrollar la telepatía sintética que se efectuaba examinando electrónicamente los cerebros de las víctimas. Supervisando las emisiones electromagnéticas de los cerebros de las gentes y usando, entre otras cosas, las ondas cerebrales P300 medidas con un EEG, se intentaba leer los pensamientos de las víctimas.

2. Sony durante cinco años destinó millones de yenes para investigar la ESP y la telepatía.
3. Si estos fenómenos no existen, ¿por qué están gastando los gobiernos grandes fortunas en la investigación y por qué son clasificados todos los resultados como insuficientes?

Lo siguiente es un análisis de cómo la telepatía y la ESP podrían trabajar, y en ello la autoridad principal es Noam Chomsky que ha postulado la idea de que el órgano del idioma no es una adaptación, sino un misterio.

1. Chomsky propuso que la estructura del idioma es principalmente fija en la forma de sus reglas y que todo lo que el bebé humano hace para aprender un idioma es volver a escribir unas sendas neuronales prefijadas. Según Chomsky, para el bebé no es un problema aprender todos los aspectos del idioma desde el principio. En cambio, para el adulto le supone un gran esfuerzo y lentitud para conseguir en muchos años lo que un niño consigue en meses. Ellos, los bebés, realmente no están aprendiendo nada puesto que en su desarrollo existe ya el proceso de la adquisición del idioma de cualquier país,

lo mismo que saben adaptarse a las características medioambientales de su lugar de nacimiento.

2. Si, como parece, los bebés nacen con la habilidad de hablar, y dándoles el estímulo correcto esta característica innata se desarrolla, ¿no pudiera ser que el idioma es estructurado en el cerebro mediante un sistema de almacenamiento que facilita así el aprendizaje rápido? Es bien sabido que las neuronas del cerebro están desenvolviéndose por sendas competitivas y muchas de ellas dan lugar a nuevas neuronas.
3. Si el idioma fuera estructurado en el cerebro, tendría que estar en partes antiguas muy profundas, pero señalar que el idioma se estructura en las redes neuronales que se ponen en estas partes más viejas del cerebro no es una idea buena. Para contestar cabalmente a esta pregunta primero debemos comprender que todos los organismos vivientes poseen desde el nacimiento grabado su «lenguaje».
4. ¿Podría efectuarse también un campo morfogenético que asimismo lleve la información para el desarrollo del idioma? Éste sería un efecto del campo biofísico y podría por consiguiente ser explicado por causas físicas, pero no por biología, como Chomsky había propuesto previamente. Si los campos biofísicos contienen la información seminal para el idioma, entonces estos efectos también podrían controlar el desarrollo del idioma en un bebé. La adquisición del idioma sería por consiguiente tan natural como una foca cuando aprende a nadar: un preprograma innato, una habilidad cuasi-instintiva que sólo necesita practicarse para ser perfeccionada. Puesto que las sendas neuronales crecen por muerte de la célula competitiva seleccionada, una vez que estas sendas habían sido fijadas permanecerían. Esto podría explicar por qué es tan

difícil aprender nuevos idiomas en la vida al llegar a la edad adulta, después de que los efectos biofísicos se han activado y se ha completado su programa en los centros del habla. La idea de que hay una realidad más alta que contiene los intentos de todas las cosas, es una teoría antigua que ya fue descrita por Platón.

Otros casos extraños

Hay temas que han demostrado ser imposibles de analizar por cualquier método. Lo abstracto, la cualidad de excluir al sujeto, no es un concepto asumido por la ciencia, tan empeñada en catalogar y etiquetar todo. Cuando se desarrollaron las normas básicas para que sirvieran de guías para los principiantes en el campo de la telepatía, se observó que usando métodos simples se podían encontrar mejores resultados. La compañía denominada Dirección de Sistemas Paranormales se concentra en el estudio científico de la telepatía y ha desarrollado métodos que superan la mayoría de las metodologías militares. Desgraciadamente, muchas personas no han tenido acceso a esta nueva metodología y han efectuado pruebas controladas por personas ajenas a este proceso.

Comunicación OVNI

Si su interés está en los OVNI, la investigación que un grupo puede efectuar sobre estos fenómenos usando aspectos paranormales o telepatía será apasionante.

Se ha observado que investigadores que usan telepatía en su investigación sobre OVNI logran llegar fácilmente a conectarse con grupos no terrestres. Puesto que ya sabemos que para la telepatía no existen las distancias ni los obstáculos físicos, no es extraño que de existir seres inteligentes en otros mundos sea factible nuestra comunicación telepática con ellos. **El problema, sin embargo, es demostrar que esa comunicación es real**, que se está efectuando, pues solamente contamos con la afirmación del receptor. Mientras que en los experimentos con personas la comprobación entre los datos que envía el emisor y los que recibe el receptor se pueden comprobar y validar, no ocurre así con nuestra comunicación estelar. O creemos en la persona o no creemos; no hay término medio.

De todas formas, y puesto que salvo perder tiempo en una experiencia de este tipo a nadie puede hacer daño la comunicación con *aliens*, le sugerimos que se embarque en esta aventura parapsicológica, tan apasionante como lo es la regresión a vidas pasadas o la comunicación vía meditación con los ángeles.

El procedimiento habitual es:

1. Se escoge mentalmente un planeta lejano o una estrella, especialmente aquellos que pudieran albergar vida inteligente.
2. Tiene que haber igualmente un receptor y un emisor. Este último se encargaría de establecer contacto y el método más simple es mirar el planeta elegido y concentrar nuestra vista y pensamiento en él.
3. Ahora se elige la imagen a enviar, que lógicamente deberá ser universal y no exclusivamente humana. El Sol o una roca pueden ser objetos adecuados.
4. Se intentará emitir esta señal, tratando de aislarla de cualquier otro pensamiento.
5. En el mismo instante, el receptor debe tener su mente igualmente concentrada en ese punto lejano de la galaxia. Su pensamiento deberá estar totalmente en blanco, pues ahora no podrá ver una imagen habitual.

6. También es muy útil en este caso establecer dos receptores o, mejor aún, dejar abierta la posibilidad de que el emisor sea igualmente receptor.
7. Una vez que se han emitido las señales se espera un tiempo prudencial, aunque no son necesarios más de treinta minutos.
8. Al terminar, ambos experimentadores comentan por separado las visiones o mensajes recibidos. Si existe alguna coincidencia, posiblemente la comunicación se haya realizado con éxito.
9. En próximas sesiones hay que tratar de averiguar el nombre del ser que se ha puesto en contacto con nosotros, pues es un buen modo de poder continuar periódicamente los experimentos.

Este método, por fantástico que parezca, ha sido descrito repetidamente por personas presuntamente fiables que han descrito sus contactos con habitantes de otros mundos. El lector podrá encontrar algunos libros sugerentes sobre esta comunicación telepática interplanetaria.

Teorías finales

Existe también la teoría del **dualismo**. Se trata de una creencia religiosa muy antigua que consistía en considerar el universo como formado y mantenido por el concurso de dos principios (esencias) igualmente necesarios y eternos, pero diversos y contrarios.

Los postulados del dualismo alegan que existe otra realidad donde la mente tiene su residencia y, puesto que esta realidad se compone del material mental, contendría las ideas para todo, incluso el idioma. Las preguntas podrían ser: ¿cuál es la naturaleza física de esta segunda realidad?, y ¿cómo actúa recíprocamente con la realidad física? Puesto que no tenemos ahora mismo un interlocutor que nos responda a ambas cuestiones podemos deducir que se hace a nivel biofísico y bioplásmico.

Campos biofísicos

El hallazgo sugiere que el cerebro y el campo biofísico efectúan el proceso de forma consciente, pero independientemente entre sí. Cuando trabajan juntos, hay una amplificación en la sinergia de las funciones y una reducción en los procesos caóticos. Las personas que poseen campos biofísicos tienen el potencial para estar conscientes mientras sueñan, lo que les permite organizar perfectamente los fenómenos paranormales. Si los campos biofísicos conscientes pueden dejar nuestros cuerpos físicos, entonces la emisión de datos cerebrales a larga distancia es posible. Un investigador llamado Rupert Sheldrake alega que si nosotros estamos influenciados por los campos morfogenéticos de individuos particulares a los que estamos unidos, entonces es posible que pudiéramos recoger imágenes de sus pensamientos y sentimientos mientras estamos despertándonos o soñando, aunque nos encontremos separados por miles de millas.

Si el campo biofísico reside alrededor de los humanos y este efecto comprende a la mente, entonces significa que todos nosotros tenemos acceso a un reino donde las ideas tienen una realidad. El material de la mente, de una naturaleza que sólo los místicos han referido, puede ser de hecho meramente biofísico. Estos efectos contienen cantidades enormes de información del pasado, y aprendiendo a llegar a ellos los operadores especializados en telepatía pueden ver en el pasado.

En la telepatía controlada, el operador envía a su campo biofísico para que actúe recíprocamente con la persona elegida. En la telepatía espontánea otras personas poseedoras igualmente de campos biofísicos podrían chocar con el nuestro, haciendo que sus ideas entren en nuestras cabezas. Esto puede ser un ejemplo tan prosaico como saber que alguien va a llegar a visitarnos, sólo antes de que suceda el evento.

Según Ingo Swann, que ha estado investigando sobre las regresiones, lo mismo que sobre las predicciones futuras, si existen ciertamente los campos biofísicos entonces es que el pasado podría afectar al futuro, y disponiendo de la información sobre las vidas del pasado podríamos alterar la vida de las personas de hoy.

Los efectos del campo biofísico no se mueren cuando lo hace el cuerpo físico. Los egipcios antiguos tenían una palabra para definir estos campos denominándolos como Ka. Se suponía que el Ka existía durante otros seis meses después de la muerte, antes de que pasara a la otra vida definitivamente. Investigaciones actuales parecen indicar que el campo de energía de la persona muerta, su campo biofísico, puede sobrevivir después de la muerte. Las personas jóvenes fallecidas en el primer año de vida tienen un potencial que puede permanecer durante largos períodos de tiempo después de su muerte y aportar a los humanos su presencia como fantasmas.

Nosotros también podemos tener el campo biofísico de un extraño procedente de otras dimensiones que chocan con nuestros campos biofísicos, y que pueden terminar expulsando el campo biofísico humano fuera del cuerpo físico. Este mecanismo puede estar en la base de los fenómenos de posesión demoníaca. Semejante efecto puede tener también relación con las abduciones o secuestros por extraterrestres e incluso con la implantación de elementos en el cuerpo de los secuestrados. La investigación norteamericana en esta área fue especialmente intensa a raíz de los acontecimientos de

Nuevo Méjico. Éste fue el caso de un excursionista, ahora jubilado, que se presentó en una base norteamericana del desierto de Nevada para comunicar el emplazamiento de una colonia marciana en la Tierra.

Y volviendo al tema central de la telepatía y sus eslabones con el idioma en los niños, si el secreto reside en los campos biofísicos que heredamos de nuestros padres y estos campos reflejan lo que estamos pensando en nuestras mentes, entonces es una prueba de que la telepatía puede funcionar.

Si nuestros campos biofísicos son capaces de un proceso análogo a la selección de Darwin, entonces esto significaría que sería posible controlar estos campos conscientemente para hacerlos evolucionar y llegar a unos altos niveles de conciencia. En este estado del examen final, la telepatía sería posible, y para lograr esto significaría que tendríamos que entrenar nuestros campos biofísicos para darnos cuenta de ello, lo que podríamos lograr soñando estando despiertos.

Esto sería un proceso simple si nosotros no viviéramos en una sociedad moderna, sino en una cultura primitiva que creyera en otras áreas del conocimiento como los aborígenes. Para ellos, el tiempo del sueño es más real que el mundo físico.

Conclusión

Lo cierto es que el conocimiento telepático es una de las cosas más fáciles de aprender, y su entrenamiento es sencillo y en ningún modo cansado. Los estados emocionales resuenan siempre en nuestra mente, al mismo tiempo que recogemos emanaciones emocionales de las personas a nuestro alrededor. Si desarrollamos las habilidades telepáticas mejorará nuestro conocimiento instintivo desde las primeras sesiones. Con una ligera comunicación sabremos el estado de ánimo de nuestro interlocutor, de manera similar a lo que se consigue doctorándose en psicología o antropología, o cualquier otra técnica que nos enseñe a conocer al ser humano por su comportamiento o actitudes físicas.

La telepatía, sin embargo, es un poco más difícil con portavoces que hablan idiomas extranjeros, pero desde que los medios de comunicación, y especialmente Internet, han llegado a la mayoría de los hogares, el idioma empieza a no ser un freno para comprender los mensajes extranjeros. La exactitud del mensaje enviado o recibido depende esencialmente del tiempo de experiencia.

ÍNDICE

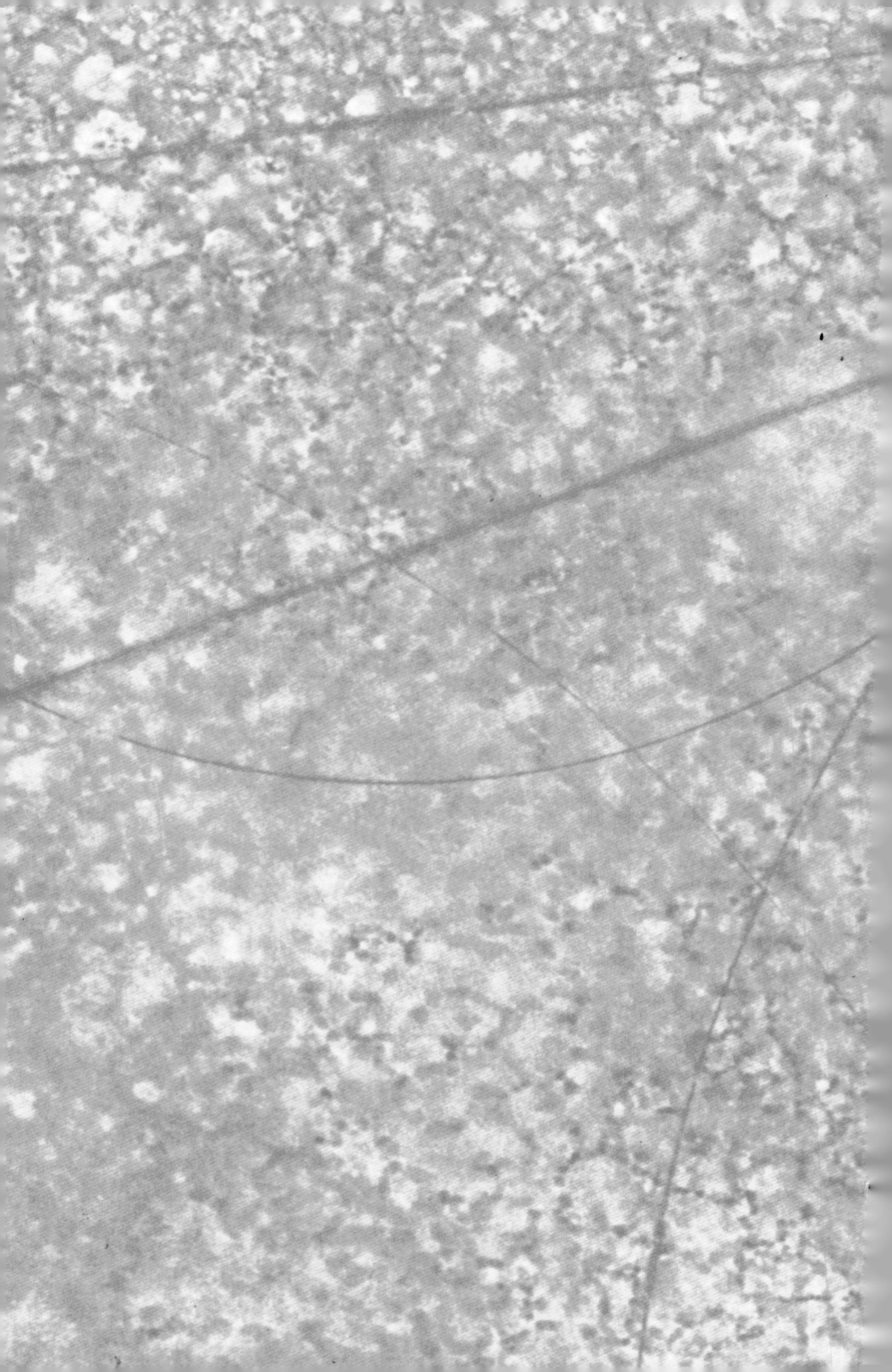